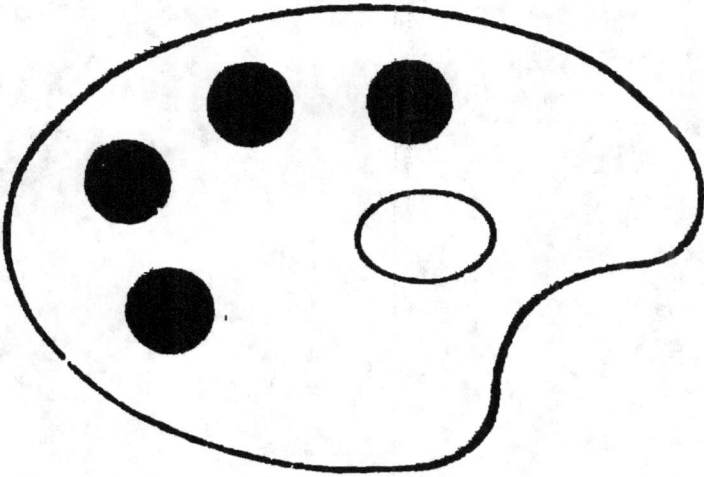

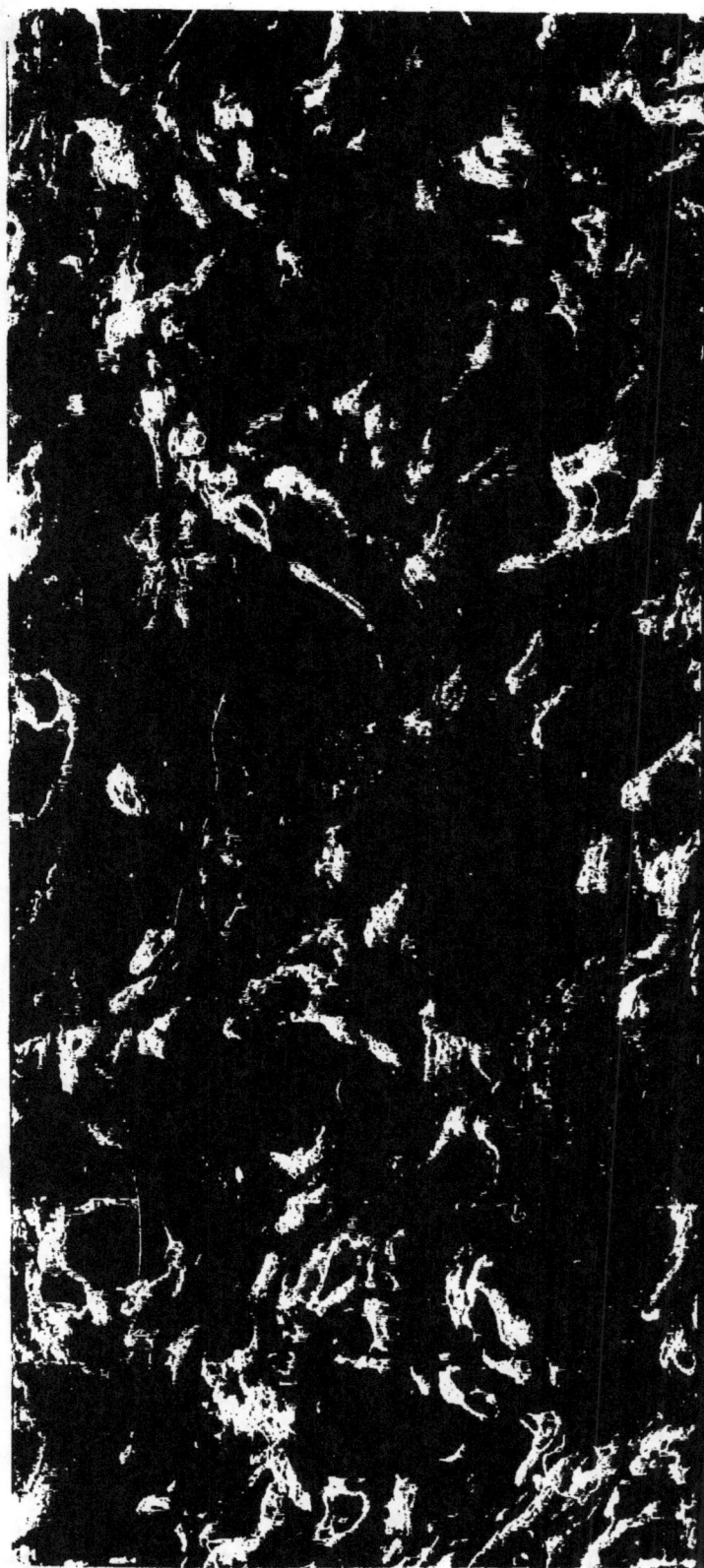

PAUL RIVIÈRE

# HISTOIRE

DE

## L'Imprimerie en Bretagne.

# HISTOIRE

## DE

# L'IMPRIMERIE

## EN BRETAGNE

COMPOSÉE

D'APRÈS DES DOCUMENTS INÉDITS, ET CONTENANT LE CATALOGUE DES IMPRIMEURS
QUI ONT EXERCÉ DANS CETTE PROVINCE, DEPUIS LE XVᵉ SIÈCLE
JUSQU'A NOS JOURS,

PAR

### TOUSSAINT GAUTIER,

Membre correspondant de la Société Archéologique d'Ille-et-Vilaine, auteur
du *Dictionnaire des Confréries et Corporations d'Arts et Métiers*, etc.

Sparsa et neglecta collegi.
(CL. FAUCHET.)

RENNES,
IMPRIMERIE DE F. PÉALAT, RUE DE BORDEAUX.
1857.

# HISTOIRE

### DE

# L'IMPRIMERIE EN BRETAGNE.

Il fut un temps (et peut-être ce temps dure-t-il encore) où il était de mode de citer la Bretagne comme un pays arriéré au moins d'un siècle, et où le soleil de la civilisation ne saurait que difficilement pénétrer. Nous n'examinerons pas même sommairement la vérité de ces deux assertions, qui donneraient matière à un volumineux mémoire; mais au moins voudra-t-on avec nous convenir que, pour ce qui est de l'imprimerie, la Bretagne est une des premières provinces de France où cette industrie se soit exercée, opinion que nous nous proposons de développer dans ce mémoire; mais, préalablement, nous allons entrer dans quelques détails préliminaires.

Avant l'invention de l'imprimerie, c'est-à-dire jusqu'au milieu du XVe siècle et même plus tard pour quelques pays, les livres dont on se servait, soit dans les églises, soit dans les écoles, étaient tous écrits sur des feuilles de parchemin ; aussi la fabrication de ces feuilles était-elle immense, au point que plusieurs grandes villes, telles que Rouen, Rennes (1), ont conservé des rues portant le nom de Parcheminerie. La bibliothèque publique de Rennes possède de riches et nombreux échantillons en fait de manuscrits (2). Entre autres, nous avons à citer des missels appartenant autrefois à l'abbaye bénédictine de Saint-Melaine, aux couvents de Saint-François, des Jacobins, des Augustins, des Capucins; des Antiphonaires; un Psautier de Louis de Saint-Méloir, abbé de Saint-Jagu-de-la-Mer (1558) ; un livre *d'heures* provenant du cabinet du président Paul-Christophe de Robien, mais que l'on croit avoir appartenu à la bonne duchesse Anne de Bretagne.

La petite ville de Dol, ayant vendu sa bibliothèque (fév. 1850),

---

(1) Il y avait autrefois à Rennes la *Haute-Parcheminerie* et la *Basse-Parcheminerie* (Voir la *Réformation du domaine de Rennes*, en 1646).

(2) Catalogue des manuscrits de la bibliothèque de Rennes, par Dominique Maillet. In-8º, 1837.

ne possède plus, par conséquent, de manuscrits anciens (1). Jadis, la Cathédrale en possédait de fort précieux, comme le prouvent deux inventaires, l'un du 6 mai 1440, l'autre du 22 mai 1791.

Naguères, l'antique métropole armoricaine, l'illustre église de Dol, possédait encore (1846) un dernier débris de ces siècles

---

(1) *Biog. Bretonne*. Art. Rever d'Hermont. — Comme cet article est fort succinct, et même trop, nous allons ajouter ici quelques nouveaux détails, que nous accompagnerons de rectifications importantes.

Bonaventure-Bernard Rever d'Hermont, né à Dol en l'année 1738, et docteur en chirurgie de la Faculté de Paris, fut élu maire constitutionnel de Dol le 28 janvier 1790, puis procureur de la commune en 1791. Par son testament olographe du 1er pluviôse an 11, il donna sa bibliothèque à la ville de Dol, « pour aider à en former une collection publique. » — Nous avons dit ce qu'elle était devenue.

Le docteur d'Hermont était demi-frère de l'abbé Rever (V. *Biog. Bretonne*); mais il était frère-germain de Julien-Bernardin Rever de la Patinière, procureur fiscal de la juridiction de Dol (1775), puis élu président du tribunal du district, en 1790. Il exerça cette fonction jusqu'au mois de mars 1793, qu'ayant été reconnu complice du comte de Noyan dans l'affaire de La Rouërie, il fut emprisonné et le scellé mis sur son cabinet (21 avril 1793). Toutefois, il parvint à s'évader, grâce à la bonne volonté d'un officier municipal, nommé Jacques Cousin, qui le protégea ; mais il partit en émigration et y resta jusqu'en 1802 (an X), qu'il rentra en France et obtint sa radiation de dessus la liste des émigrés (2 fructidor an X).

Notre récit diffère notablement de celui de M. Levot, et cependant nous ne craignons point d'en garantir l'exactitude, eu égard à l'authenticité des documents inédits dont nous avons fait usage.

De ce que nous avons dit plus haut, il résulte que Julien-Bernardin Rever était demi-frère de l'abbé du même nom ; mais ce dernier (sur lequel on pourra consulter l'article de M. Levot (*Biog. Bret.*), avait une sœur-germaine, Mlle Anne-Françoise Rever des Beauvays, dont on n'a pas parlé jusqu'ici. C'est une raison de plus pour nous d'honorer la mémoire de cet ange de vertu et de charité, qui se donna corps et âme à l'éducation de malheureuses petites orphelines, à l'entretien desquelles elle consacra le produit de la vente de ses biens et notamment de l'église des Carmes, qu'elle fit démolir et dont elle vendit les pierres. Elle travaillait au tissage avec ses *filles*, comme elle les appelait, et partageait avec elles leur grossière nourriture. Outre les pénitences volontaires dont elle torturait son corps, elle supporta sans jamais se plaindre les douleurs atroces d'un cancer qui lui rongeait le sein, et dont l'existence ne fut révélée que par une hémorragie, qui l'obligea à accepter des soins étrangers. Comme elle ne couchait que sur un mauvais grabat, ses filles la voyant dans un état si pitoyable, la forcèrent à accepter un matelas ; mais lorsqu'elle vit son heure dernière arriver, elle commanda qu'on la couchât sur un lit de cendres, qu'elle avait fait disposer dans son appartement. C'est ainsi que cette martyre volontaire, cette providence des orphelines, rendit le dernier soupir, le 11 octobre 1848, à l'âge de 62 ans. Elle fut inhumée dans le cimetière de Dol, où messieurs d'Hermont et de la Patinière avaient aussi été inhumés.

reculés, débris lui-même longtemps égaré, mais enfin à elle res-
titué, il y a quelques vingt-cinq ans. C'était un *missel* manus-
crit, à l'usage de Rome, en lettres d'or, à fermoir d'argent,
couvert de velours rouge cramoisi « *veluto muriceo, seu cramou-
sino,* » lit-on dans le *livre rouge* (1) du vieux chapitre. Cet ob-
jet était cher à l'église de Dol, d'abord pour sa valeur intrin-
sèque (2), puis en second lieu pour la source dont il provenait.
C'était un dernier présent du bon et excellent évêque Thomas
James, qui l'avait légué *à son épouse l'église de Dol*, car c'est
ainsi que le prélat appelle son église (3). Un tel souvenir, dernier témoin d'une gloire et d'une splendeur qui ne sont plus,
devait être *sacré* et *inaliénable* pour l'église de Dol, et . . . . . . .
pourquoi faut-il donc que nous soyons réduit à dire qu'il a été
vendu pour quelques cents francs (4).

> . . . . . . . . Ad quid non mortalia pectora cogis,
> Auri sacra fames . . . . . . . . . . . . . . . (Virg.)

Maintenant nous revenons à l'imprimerie bretonne.

Nous avons dit un peu plus haut que la Bretagne avait, une
des premières, vu s'exercer cette remarquable industrie. En
effet, inventée à Mayence (1440) par Gens-Fleisch de Guttemberg,
introduite à Paris en 1470, sous le règne de Louis-le-Rusé,
nous la voyons dès 1484 répandue dans plusieurs villes bretonnes :
Bréhant-Loudéac, Tréguier, Nantes, où, sans doute, elle avait
été appelée par le duc François II, dernier du nom. Combien
nous sommes heureux d'avoir à constater au moins un fait d'uti-
lité publique dans la vie d'un prince qui fut le Louis XV de la
monarchie bretonne, et auquel l'impartiale et sévère histoire
doit infliger un blâme éternel pour sa vie honteuse et ses scan-
daleux déportements.

---

(1) Voir *Aperçu sur les archives historiques du département d'Ille-et-
Vilaine,* par M. Edouard Quesnet, archiviste. Rennes, 1857. In-8°, p. 6.

(2) Dans un inventaire dressé après la mort de Thomas James, il est esti-
mé « *mille ducentorum ducatorum,* » ce qui peut revenir à 3,000 francs de
notre monnaie au moins.

(3) Testament de M. James, fait au château de Dol, le 4 avril 1504. — On
doit bien regretter que les savants Bénédictins n'aient pas publié cette curieuse
et intéressante pièce.

(4) Ce missel est sans doute le même qui est mentionné dans les *Lettere
pittoriche* (2e édition, Ticozzi, Milan, 1822 — 3e volume, lettres 157—158).
Il avait été enluminé par le célèbre miniaturiste Attavante, qui, pour son
travail, réclama 125 ducats. C'est vers 1484 que ce missel dut être exécuté.

## II.

## RENNES.

### CATALOGUE DE SES IMPRIMEURS.

Rennes avait une imprimerie dès 1484 (1). Ce « progrès, » comme l'appelle M. Ducrest de Villeneuve (*Histoire de Rennes*), fut importé à Rennes par deux hommes nommés Josses et Pierre Bellesculée, « nés, peut-être, dans ses murs. » Qu'importe où soient nés Josses et Bellesculée, son ami, ce que nous pouvons affirmer, c'est qu'on voit ces deux industriels terminer, le 26 mars de cette année, *avant Pasques*, l'impression d'une *Coustume de Bretaigne* (1 vol. petit in-8° de 26 lignes par page), mentionnée par M. Charles Brunet, page 705, tome Ier de son *Manuel du Libraire*. Le même bibliographe signale encore un petit poème, en vers de huit syllabes, également imprimé à Rennes, et intitulé : FLORET *en francoys*, in-4°, de 40 feuilles non chiffrées. C'est la traduction de l'ouvrage suivant : FLORETUS, *in quo flores omnium virtutum et detestationes viciorum metrice continentur, una cum commento Joan. Jarson (Gerson). Lugduni,* in-4°, gothique (2).

A la fin du *Floret*, on lit : *Cy finist Floret en franczoys, imprime à Rennes, lan de grace mil quatre cens quatre vingts et V.*

Josses et Pierre Bellesculée nous apprennent eux-mêmes qu'ils demeuraient non loin de l'église *Sainct-Germain*, sans doute dans la rue de ce nom, tronquée il y a une quinzaine d'années, et où nous verrons se succéder une longue suite d'imprimeurs, jusqu'au commencement du XVIIIe siècle (1718). Ainsi l'imprimerie naissante et qui plus tard lui devait être souvent hostile cherchait un abri tutélaire auprès de l'Eglise qui, comme une bonne et tendre mère, protégeait les intérêts, même matériels, de ses enfants...............................

Après Josses et Pierre Bellesculée, nous retrouvons les imprimeurs dont suivent les noms dans l'ordre chronologique (3).

---

(1) C'est là l'opinion la plus ordinaire ; mais Jean Beaudouyn, imprimeur à Rennes en 1624, est d'un avis opposé. Il se donne nettement pour le premier qui ait élevé une imprimerie à Rennes. « ..... *primum et unicum calco-* » *graphum et impressorem ejusdem civitatis (Rhedonensis)..... »* (Voir le titre des œuvres de Marbode, évêque de Rennes, 1624.)

(2) *Manuel du Libraire*, t. 2, p. 297.

(3) Nous aurions voulu joindre au nom de chaque imprimeur les titres des

## III.

### (1524 — 1857.)

**1524.** — Jean Baudouyn. — *Œuvres de Marbode, évêque de Rennes*, petit in-4° de 41 feuillets non chiffrés, à deux colonnes, en petit caractère gothique.

Cette première édition des œuvres de Marbode porte le titre suivant :

« MARBODUS sive Marbodeus Gallus. Incipit liber Marbodi quondam nominatissimi præsulis Redonesis (scilicet hymni, liber de gemmis, et epistolæ VII). — *Impressum Rhedonis......* per *Joanem Baudouyn, primum et unicum calcographum et impressorem ejusdem civitatis, et qui tam ab anno citra...... cura et solicitatione Johanis Macé, bibliopole ejusdem civitatis adventavit visus que et correctus per magistrum Radulphum Besiet...... finit que die Sabbati, vigesima prima mensis maii........* »

Le libraire Jean Macé, mentionné plus haut, paraît être originaire de la paroisse Saint-Martin de Rouen. Il était établi à Rennes dès 1506, auprès de l'église Saint-Sauveur (différente de celle d'aujourd'hui), à l'enseigne de *Saint-Jean-Baptiste*.

**1541.** — Jean Georgel. — *Coustumes generalles des pays et duché de Bretaigne.* En vente chez Thomas Mestrard, libraire, portes Saint-Michel.

**1560-84.** — Julien Duclos. — *Jani Lang. læi..... Otium semestre.* — *Rhedonis* ex prælo Juliani Duclos, typographi sumptibus Petri Lebret, bibliopolæ, ad portam sancti Michaëlis.—1577, in-folio de 752 pages.

Pierre Le Bret, libraire, était un huguenot très-décidé. — Après la mort de son mari, la veuve Le Bret épousa *Bertrand Avenel*, aussi libraire, et huguenot non moins intrépide (1590).

**1585-1603.** — Noël Glamet. — *Contes et discours d'Eutrapel,*

---

ouvrages sortis de ses presses ; mais, en agissant ainsi, notre travail eût été tellement prolongé que nous avons dû y renoncer avec un certain regret. — Nous donnons seulement le titre de l'ouvrage principal.

Il est plus que probable qu'entre les imprimeurs Pierre Bellesculée (1484) et Jean Baudouyn (1524) il y eut un laps de temps assez considérable, puisqu'il résulte de notes à nous communiquées par M. Houet, qu'un *Rituel rennais (Rituale ad usum Redonensem)* fut imprimé à Rouen, aux frais de Michel Angier, libraire à Caen, et de Jean Macé, aussi libraire à Rennes, au commencement du XVIe siècle, peut-être vers 1506. (*Johannis Macé ibidem bibliopole in..... civitate Redonensi moram trahentis....*)

*reveuz et augmentez par le seigneur de la Herissaye.* In-8º de 2 et 234 ff.

1588. — Pierre Bretel, — portes Saint-Michel. — « *Juxta forum judiciale, prope portam D. Michaëlis.* »

*Missel romain* d'Aymar Hennequin, in-fº.

*La Pogonologie ou discours facétieux des Barbes, auquel est traictée l'origine, substance, différence, propriété, louange et vitupère des Barbes* (par R. D. P.) — 1589, petit in-8º de 8 et 114 ff.

1592. — Macé Leloing, natif de Paris.

1609. — Christophe Beys, petit-fils de Plantin. — *OEuvres de Sannazar,* édition *expurgata,* in-8º. — Rue Saint-Thomas.

1610. — Tite Haran, imprimeur du roi. — *Institutiones absolutissimæ in linguam græcam,* in-8º.

1615. — René Herbert, natif de Rennes et apprenti de cette ville, reçu en avril.

1615. — Pierre Hallaudays, natif de Rennes et apprenti de cette ville, installé en novembre.

1619. — Pierre-Jean Durand, natif de Herisy-en-Brie, apprenti de Troyes en Champagne, installé en avril. — Rue Saint-Thomas. — *Nova philosophandi ratio de Urinis; . . . . . accessit dissertatio singularis de paralysi biliosa,* in-18. 1630. (Par Nicolas Bertrand, doyen des médecins de Rennes) (1).

1619. — Mathieu Hovius, premier du nom, originaire d'Amsterdam (2).

1619. — Pierre Garnier, natif de Rennes, installé le 5 mai. — Vis-à-vis le Palais, à *la Bible-d'Or.*

1621. — Charles Yvon, apprenti de Caen, installé en août.— Sa veuve en 1650. — *Le Bon Pasteur nourrissant ses brebis dans le Saint-Sacrement.* In-8º de 352 pages.

1623. — Le sieur de Pelineu. — Dans une ancienne note, sans signature, qui nous est obligeamment communiquée par M. P. Delabigne-Villeneuve, il est parlé « de la célèbre imprimerie

(1) Nicolas Bertrand, originaire de Bayeux, n'appartenait pas à la Bretagne, et aurait pu, comme tel, n'être pas admis dans la *Biographie bretonne,* où on le trouve page 92. — En revanche, on a oublié François de Kernatoux, né à Plabennec, dans le Léon, mort à Vannes, et encore quelques autres.

(2) Le vrai nom de cet imprimeur est *Hovius Van Hoven;* mais depuis son arrivée en France, il ne paraît avoir conservé que la première partie de son nom; et après lui, ses descendants agirent de même.

que le sieur de Pelineu, l'aîné, établit en cette ville de Rennes (1623), qui tomba par sa mort et causa la ruine de sa famille, à raison de la grande *dépense* qu'il avait faite pour l'établir, et dont il n'eut pas le temps de recouvrer le remboursement et les profits qu'il avait lieu d'en espérer. »

1626. — Pierre Loyselet, prévôt. — Rue Saint-Germain, *Au nom de Jésus.* — *Coutumes de Bretagne*, in-18.

1631. — François Haran, fils de Mathurin, installé le 31 mai. Imprimeur du Roi. — Rue Saint-Germain, *au nom de Jésus.*

1631. — Jean Vatar, premier du nom, originaire de Rennes. Imprimeur du Roi et du Parlement, reçu le 5 juin. Mort en 1679. — Vis-à-vis le Palais, *à la Palme-d'Or* (1).

1631. — Jean Hardy, installé le 6 juin. — Rue Saint-Germain, *au Lion-d'Or.*

1636. — Michel Hellot, fils de Mathurin et de Perrine Lobier, installé le 25 août. — Rue Saint-Germain. — *Histoire de la Cane de Montfort*, par le P. de Barlœuf (1652).

1637. — Jacques Denys, installé le 30 septembre. Imprimeur du couvent des Carmes. -- Rue Saint-Germain.

1639. — Pierre Coupard. — Rue Vasselot.

1643. — Jean Gaisne, natif de Rennes, reçu le 1er septembre. — Rue Saint-Michel. — *Coustumes générales des pays et duchés de Bretagne, augmentées et corrigées de nouveau.* In-32 de 152 pages.

1644. — Jean Durand, fils de Jean, installé le 4 avril. -- Rues Saint-Thomas et Saint-Germain. — *Histoire de Notre-Dame-des-Miracles en l'église Saint-Sauveur de Rennes.* In-12, 1658.

1646. — Julien Herbert, fils de René, né à Rennes, installé le 12 novembre. -- Rue Saint-Germain, à l'enseigne *Saint-Julien.* — *Astrologia nova methodus fr. Allœi, Arabis christiani.* 1654, in-f°.

1649. — Jean Hallaudays, fils de Pierre, installé le 31 octobre. — Rue Saint-Germain, *à la Bible-d'Or.* — *La Science des Eaux, qui explique en 4 parties leurs formation, communication, mouvemens et mélanges.* — 1653, in-4°.

1665. — Mathurin Denys, fils de Jacques, reçu le 25 novembre. Imprimeur du Collège. — Rue Saint-Germain. Mort en août 1692.

_____

(1) En 1659, Jean Vatar ne s'intitulait que *marchand-libraire*, ce qui porterait beaucoup à croire que ce ne fut que plus tard qu'il acquit une imprimerie, quoiqu'il eût été reçu dès 1631.

Après lui, sa veuve exerça jusqu'en 1718. — *Prosodiœ et accentuum linguœ grœcœ, compendiaria methodus.* — 1695, in-18.

1671. — Pierre Garnier, fils de Pierre, installé le 9 février. — Vis-à-vis le Palais, à *la Bible-d'Or.*

*Vie de M. Buisson, prestre,* par le docteur Pierre de la Ville-marie-Toullier. — In-8°, 1679 (1).

1676. — Guillaume Champion, imprimeur de l'Evêché, installé le 7 mai. — Rue de la Cordonnerie. — *Statuts de la Madeleine de Vitré,* in-4°.

1676-91. — Mathieu Hovius, probablement fils du premier imprimeur de ce nom, exerça d'abord à Vannes. — Mort à Rennes le 5 juillet 1691 (2).

1677. — François Gaisne, fils de Jean, reçu le 16 août.

1679. — François Vatar, fils de Jean Vatar, premier du nom, reçu en 1679. — Imprimeur du Roi et du Parlement. — Vis-à-vis le Palais, à *la Palme-d'Or.*

1680. — Veuve Jean Vatar, imprimeur du Roi et du Collège. — *Daretis phrygii, de excidio Trojœ, historia Cornelio nepote, interprete.* — 1680, in-18.

1692. — Nicolas Audran (3), imprimeur-libraire, fils de Claude

---

(1) Ce petit volume hagiographique est revêtu de six approbations, entre lesquelles on est très-satisfait de reconnaître celle de Dom Guillaume Cheruel, docteur en théologie de la Faculté de Sorbonne, d'abord proviseur du collège des Bernardins à Paris, puis abbé régulier de Notre-Dame de la Vieuxville, et en même temps visiteur des provinces monastiques de Bretagne et Normandie. Ce titre de docteur et les fonctions dont fut chargé Dom Cheruel, doivent donner une idée assez haute de cet abbé; ce qui n'empêche que quelqu'un, qui a l'outrecuidante prétention de vouloir trancher sur tout, a bien osé dire, en parlant de la liste des abbés de la Vieuxville : " ........ Cette longue " procession de riches parasites, parmi lesquels pas un homme de quel- " que valeur connue...... " Pour connaître la valeur de quelqu'un, et sur-tout avant de la juger si impertinemment, il conviendrait de faire certaines recherches à ce sujet.

(2) Lors de la révocation de l'édit de Nantes (1685), Mathieu Hovius dut embrasser la foi catholique romaine, pour conserver le libre exercice de sa profession.

(3) La famille des Audran, si connue par les vrais amateurs des beaux-arts, tirait son origine de Paris; *Adam* Audran est le plus ancien dont nous ayons pu avoir connaissance (1520). Il eut un fils, nommé Louis (1560), qui fut un des principaux officiers de la louveterie, sous Henri IV. — Claude Audran, père de Nicolas, mentionné ci-dessus, et l'un des deux fils de Louis, naquit à Paris en 1600, et alla s'établir à Lyon en 1629. Il y mourut à l'âge de 80 ans.

La famille des Audran a produit nombre d'artistes distingués, sur lesquels on peut consulter l'abbé de Marolles, les *Dictionnaires* de Ladvocat, de Mo-réri, et le *Mercure* de 1735, p. 1599-1610. — *Histoire généalogique de la famille des Audran;* Rennes, N. Audran, 1754, petit in-12.

Audran et de sa seconde femme, Elie Betenon, naquit à Lyon, le 16 juillet 1637, sur la paroisse collégiale de Saint-Nizy. Après avoir appris le dessin et la gravure avec son père, artiste méritant, il vint à Vannes, où il s'appliqua à l'imprimerie et où il épousa, en 1666, Guyonne-Thérèse Granjean. En 1692, il vint à Rennes à la suite du Parlement, rappelé d'exil. Il y mourut en 1713, et fut inhumé à Saint-Germain. C'était un homme d'une grande probité, et qui fut honoré pour cette raison d'une estime particulière de la part du premier président Pontchartrain.

1694. — Jean-Baptiste Hovius, fils de Mathieu, né à Vannes, installé en octobre. — Syndic de la communauté, en 1702. — Rue Saint-Georges. — *Pancarte des droits de la ville de Rennes*, 1 feuille in-f°.

1697. — Sébastien Durand, fils de Jean, installé le 4 mars. Imprimeur des Etats de Bretagne. — Rue Saint-Georges, *à l'image Notre-Dame*. Sa veuve exerçait encore en 1730 (1).

1702-37. — Gilles Lebarbier, natif de Rennes, reçu le 16 mai, nommé imprimeur de l'Evêché le 13 mars 1707, exerça jusqu'en 1708 en société avec sa belle-mère, alors veuve de Guillaume Champion. — Rue de l'Isle, puis rue Châteaurenault.

1710. — Claude Denys, fils de Mathurin, reçu le 28 avril.

1713-30. — Pierre-André Garnier, fils de Pierre, reçu libraire le 21 août 1711 et imprimeur le 22 janvier 1713. Après sa mort, sa veuve continue à exercer jusqu'en 1758. — Vis-à-vis le Palais, *à la Bible-d'Or*.

1715-22. — Nicolas Audran, deuxième du nom, l'un des vingt-cinq enfants de Nicolas Audran et de Guyonne-Thérèse Grandjean, né à Vannes, le vendredi 15 avril 1672, fut reçu imprimeur à Rennes, par arrêt du 21 juillet 1715. Il y mourut le 2 octobre 1722, et fut inhumé en l'église paroissiale de Saint-Jean-en-Saint-Melaine.

1718-58. — Julien-Jean Vatar, fils d'Allain Vatar (2), reçu

_____

(1) Nous aurions pu admettre dans le catalogue des imprimeurs de Rennes, au XVIIe siècle, beaucoup de noms que nous avons cru devoir écarter, par cette raison, assez fondée ce semble, de n'inscrire dans ce catalogue que des imprimeurs de l'existence desquels il nous fût apparu quelque preuve matérielle.

(2) Allain Vatar, second fils de Jean, premier du nom, fut reçu imprimeur en 1675; mais il mourut avant d'avoir pu acquérir une imprimerie (*Papiers de la Chambre syndicale*). Ce fait est très-exact et a été inutilement contesté par des intéressés.

libraire en vertu d'un arrêt du Conseil du 21 octobre 1715, et imprimeur en juin 1718. En 1758, il céda l'imprimerie à Julien-Charles Vatar, son fils, et continua la librairie jusqu'à sa mort, en 1770. Doyen de la communauté. — Au coin des rues Royale et d'Estrées.

1718-58. — Gilles-Joseph Vatar, frère de Julien-Jean, et reçu la même année. Imprimeur des Etats.— Carrefour de la Charbonnerie (1719), place du Palais, au coin de la rue Royale, aux *Etats de Bretagne* (1730).

1719-50. — Guillaume-Jean-François Vatar, fils de François Vatar, reçu le 18 janvier 1719. Imprimeur du Roi et du Parlement. — Au coin du Palais, *à la Palme-d'Or*. — *Poème latin sur la délivrance de Rennes en* 1348, par le P. François Brillon, jésuite. Rennes, 1720, in-4° de 10 pages (1).

1722. — Nicolas Devaux, reçu libraire en 1708 et plus tard imprimeur. — Rue d'Estrées.

1726. — Jean Gaisne, fils de François, nommé par arrêt du Conseil du 23 décembre 1726, comme fils de maître et comme ayant perdu tout son bien dans l'incendie général de 1720. — Rue Rallier. — *Terrier de la ville de Rennes*. In-4°, 1737.

1726. — Veuve Jean-Baptiste Hovius, née Michelle Roullin.

1744-84. — Nicolas Audran, troisième du nom, l'un des dix enfants de Nicolas, second, et de Jeanne-Thérèse Pathelin, naquit au Port-Louis, le 23 août 1709, et fut reçu imprimeur en 1744, par arrêt du Conseil et sur la démission de sa mère. — Imprimeur des Facultés de droit. — Rue Dauphine.

1758-80. — Pierre-François-Marie Garnier, né à Rennes en 1714, reçu en 1758, par arrêt du Conseil et sur la démission de sa mère. — Place du Palais.

1758-90. — Julien-Charles Vatar, né à Rennes en 1722, reçu en 1758, sur la démission de son père.— Place du Palais, *au Parnasse*.

1758-88. — Nicolas-Paul Vatar, né à Rennes en 1720, reçu en 1758 à la place de feu son père, Joseph Vatar. Imprimeur des Etats et de l'Evêché. — Rue des Francs-Bourgeois (1772); à l'entrée du Palais (1788).

---

(1) Réimprimé dans notre *Dictionnaire des Confréries et Corporations d'arts et métiers*, article *Notre-Dame-des-Miracles*. Montrouge, 1854, in-4°. — A ce sujet, nous y avons joint quelques détails sur l'histoire littéraire du collège de Rennes (*ibidem*).

1750-71. — François-Pierre Vatar de Jouannet, né à Rennes en 1725, reçu en 1758 sur la démission de Guillaume-Jean Vatar, son père. Imprimeur du Roi et du Parlement. — Au coin du Palais, du côté de la rue de Bordeaux. Mort subitement en 1771.

1771-1823. — Renée-Jeanne Lesaulnier de Vauhello, veuve de François Vatar, succéda à son mari, puis exerça ensuite sous le nom de veuve Vatar et Bruté, et mourut en 1823, après un exercice de 52 ans.

1784-1817. — Nicolas-Xavier Audran de Montenay, né à Rennes le 9 mai 1754, second fils de Nicolas Audran, troisième du nom, et de Anne Vallée, reçu imprimeur par arrêt du 19 novembre 1784. — Au coin des rues Royale et aux Foulons.

1790-1808. — Jean-François Robiquet, né à Hesneville (Manche), reçu libraire en 1774 (1), nommé imprimeur en 1790 (2). Imprimeur du département d'Ille-et-Vilaine. — Rue Royale, nº 791. — Sur l'éducation nationale, par Sylvain Codet (1791), in-8º. (Codet, omis dans la Biographie bretonne).

1790. — René-François-Charles Vatar, fils de Julien-Charles Vatar, doyen de la communauté des imprimeurs, reçu libraire en 1784, puis imprimeur au commencement de la Révolution. — Rue de l'Hermine, nº 818. — Assemblée nationale. — Bulletin des correspondances réunies du clergé et de la sénéchaussée de Rennes. 1789-95, 27 volumes in-8º.

1793. — Jeanne-Félicité Castre-Vatar. — Sous le temple de la loi.

1793-1824. — Michel Chausseblanche, de Rennes, destitué en 1824. — Journal du nord-ouest de la République (1804). — Journal du département d'Ille-et-Vilaine (1807). — Echo de l'Ouest, 6 volumes in-8º (1819-21). — L'Organe du Peuple, supprimé en 1824.

1803. — Vatar frères, rue de la République, 8 (3). — Catéchisme à l'usage de toutes les églises de l'empire français. 1806, in-8º.

---

(1) Registre de la communauté (11 mai 1774), folio 6, recto.

(2) Bien que nommé par un arrêt du Conseil du 22 février 1790, Robiquet ne put être installé que vers le mois de septembre, par suite des protestations des veuves Vatar-Bruté et Castre-Vatar, contre son arrêt de nomination, qui leur avait été communiqué par le syndic Georges Blouët. (Papiers de la Chambre syndicale).

(3) Cette indication et la suivante sont incomplètes, mais il n'a pas tenu à nous que le contraire eût lieu.

1811. — J.-M. Vatar, rue Saint-François. — *Le Droit civil français*, par C.-B.-M. Toullier. 1er au 5e volume (1811-1812).

1808-28. — François-Joseph-Vincent Cousin-Danelle, né à Hesnéville, successeur de M. J. Robiquet, son beau-père. Imprimeur de la Préfecture, des Cours impériale et prévôtale et des Tribunaux, rue Royale, 8. — *Analyse raisonnée et Conférence des opinions des commentateurs et des arrêts des Cours, sur le Code de procédure civile*, par G.-J.-L. Carré. 2 volumes in-4º (1811).— *Traité du gouvernement des paroisses*, par Carré. In-8º (1822). — *Les lois de la Procédure civile*, par Carré. 2 volumes in-4º, 1824, dédiés à Toullier. — *Le Droit civil français*, par Toullier. 6e volume au 11e volume (1814-22). — *Traité du domaine congéable*, par Aulanier. In-8º (1824).

1815-32. — Jeanne-Noël Laurent, veuve J. Frout (1). — *Les Cancans bretons en police correctionnelle*, par Tharin, 1832. In-8º d'une 1]2 feuille, 10 centimes.

1824-35. — Augustine Vatar-Jausions, petite-fille de Mme veuve Vatar et Bruté. — Au coin du Palais. — *Catalogue de la Bibliothèque publique de Rennes*. 1823-28, 2 vol. in-8º.

1828-57. — Alphonse-Edmond Marteville, né à Rennes le 21 janvier 1805, succéda à son oncle M. Cousin-Danelle. Imprimeur de la Préfecture. — Rue Royale, 8. — *L'Auxiliaire breton*, 1830-57. — *L'Organe du Peuple*, 1848. — *Le Conciliateur*, 1848-52. — *Journal d'Agriculture pratique*, 1853. — *Revue de Bretagne*, rue du Champ-Jacquet, 8, 1830-35. — *Nouvelle Revue de Bretagne*, directeur, M. Marteville, 1840-43. — *Nouveau Dictionnaire historique de Bretagne*, 1840-53, 2 vol. in-4º. — *Biographie bretonne*, 2 vol. in-4º, 1847-57. — *Armorial de Bretagne*, 2 magnifiques volumes in-fº, 1845.

1834-47. — Mathilde Frout, dame de Caila, nommée par brevet du 13 février, en remplacement et sur la démission forcée de sa belle-sœur, veuve P. Frout, née Augran de Fontpertuis. — Rue de la Monnaie, place du Champ-Jacquet. — *Gazette de Bretagne* (1834). — *Le Progrès* (1841-1846). — *Journal de Rennes* (1844). L'administration de ce dernier journal est aujourd'hui propriétaire de cette imprimerie, sous le nom de Ch. Catel et Cie.

---

(1) J. Frout, d'abord libraire, avait ensuite levé une imprimerie, qu'il administra jusqu'en 1815, qu'il fut pitoyablement assassiné, pendant les Cent-Jours. Sa veuve lui succéda jusqu'en 1830. Nous n'insistons pas davantage sur la fin funeste de l'imprimeur J. Frout, d'autant plus qu'il convient de laisser de si affligeants souvenirs dans un profond oubli.

1836-47.—Ambroise Jausions, petit-fils de M<sup>me</sup> veuve François Vatar et Bruté, succède à M<sup>lle</sup> sa sœur.—Rue de Bordeaux. — *Cours de Thèmes, par M. Thébault.* — *Traité du contrat de commission,* par MM. Delamarre et Le Poitvin; plusieurs volumes in-8°. — *Cours de Droit public,* par Ch. Gougeon, 1 vol. in-8°. — *Code de police de la ville de Rennes,* in-8°. — Journal le *Progrès* (1846).

1847-53. — François de Folligné, successeur de M. Jausions. — Le *Progrès* (1846). — *Traité du contrat de commission,* par MM. Delamarre et Le Poitvin, 6 vol. in-8°. — Le *Paysan* (1850-1851).

1855. — Félix Péalat, successeur de M. de Folligné.—*Traité d'agriculture à l'usage des écoles,* par E. Grollier, 1 volume in-18. — *Saint-Malo illustré par ses marins,* par M. Ch. Cunat, 1 volume in-8°. — Le *Progrès.*

1856. — T. Hauvespre, éditeur du journal le *Messager de l'Ouest,* rue aux Foulons, 7.

1857. — Oberthur, successeur de M. Marteville.

## IV.

### RUES SAINT-THOMAS, VASSELOT, SAINT-BENOÎT ET SAINT-GERMAIN.
### COUVENT DES CARMES. — COLLÉGE DES JÉSUITES.

Peut-être quelque lecteur aura-t-il été étonné de l'existence successive de plusieurs imprimeurs (1) dans les rues St-Thomas, Vasselot (2) et Saint-Germain, rues humides, fangeuses, et que les imprimeurs ont eu le bon esprit d'abandonner depuis long-temps. A ce sujet, nous lui devons un mot d'explication.

En partie sur la rue Saint-Thomas et en partie sur la rue Vasselot, existait jadis le couvent des Grands-Carmes de Rennes,

(1) Aux noms d'imprimeurs déjà énumérés dans le catalogue, il faut joindre Jean Bernard, près le pont Saint-Germain (1672). — Avant d'aller demeurer rue de la Cordonnerie, Guillaume Champion exerça quelque temps dans la rue du Pont-Saint-Michel (*juxta pontem Divi Michaëlis*) 1676. — Le sieur de Pellneu demeurait rue d'Orléans, auprès du Pont-Neuf. — Enfin, c'était à l'enseigne de *Saint-Jean-l'Évangéliste* (et non pas Baptiste, comme nous l'avons dit, par erreur, un peu plus haut), que demeurait le libraire Jean Macé.

(2) Sur la rue Vasselot débouche la rue Saint-Benoît, au haut de laquelle demeurait l'exécuteur de la cour de Rennes, avant qu'il fût allé élire domicile dans la tour Uguet, ce qui eut lieu au commencement du XVIII<sup>e</sup> siècle. — La tour Uguet est la dernière qui existe encore en ce moment.

fondé par le duc de Bretagne Pierre II, en 1448. Longtemps le monastère fut sans prendre beaucoup d'accroissement, mais peu à peu il acquit de l'importance. Ce fut surtout à partir du XVII<sup>e</sup> siècle, lorsque la réforme de Touraine y eût été introduite, en 1618, par le père Philippe Thibault, alors provincial de Bretagne, mais qui, antérieurement, avait exercé les fonctions de prieur au couvent de Dol. En même temps que la ferveur monastique ressuscitait, l'ardeur littéraire prenait aussi du développement; et, pendant tout le XVII<sup>e</sup> siècle et une grande partie du XVIII<sup>e</sup>, nous voyons le couvent des Grands-Carmes publier de nombreux ouvrages, dont quelques-uns ont encore une certaine valeur historique aujourd'hui.

N'oublions pas, d'ailleurs, que le collége des Jésuites existait dans la rue Saint-Germain, là même où était le collége royal, aujourd'hui lycée *impérial*. Cet établissement, qui compta jusqu'à trois mille écoliers, au dire de Jouvency *(Jesuitarum historia),* fut longtemps florissant et prospère. Les professeurs de la maison ont publié de nombreux ouvrages : ce sont de petits poëmes de compliments, genre dans lequel les Jésuites excellaient surtout, ou des traités ascétiques. Il faut y ajouter encore les livres classiques, dont plusieurs étaient imprimés à Rennes, bien qu'un récent historien prétende faussement le contraire.

Parmi les travaux littéraires sortis du couvent des Carmes, nous mentionnerons les *OEuvres du fr. Jean de Saint-Samson,* 2 vol. in-f<sup>o</sup>. Rennes, Pierre Coupard, rue Vasselot, 1660 ; — un *Traité théologique,* du P. Albert de Saint-Gilles (1). *Ibid.,* Jacques Denis, 1654, in-4<sup>o</sup>.

A l'occasion de ce dernier ouvrage, nous devons humblement

---

(1) Albert de Saint-Gilles est à peine mentionné dans la *Biographie bretonne,* et l'on doit regarder comme nul l'article que M. Cayot-Délandre lui consacre, de même que celui d'Alexandre de Villedieu, appelé aussi *Alexander Dolensis.* Après tout, ce dernier aurait pu à la rigueur ne pas être admis ; car il semble résulter de documents anciens que nous possédons et que nous pourrons produire plus tard, qu'Alexandre était né à Villedieu (Normandie). Seulement, il est bien à croire qu'il aura résidé quelque temps à Dol, comme membre du clergé de cette ville, et y aura composé *peut-être* son *Doctrinale.*

Autre rectification. — C'est à propos de cette belle dame Constance, que le *Dictionnaire de Bretagne* s'obstine à ranger parmi les illustrations doloises. C'est là une célébrité de contrebande, et que je ne veux pas admettre dans mes diptyques. Il est bien vrai que le savant archevêque Baudry a fait l'éloge d'une vierge CONSTANCE (*Carmina.* — Duchesne, IV, p. 258); mais, comme il ne dit rien qui fasse penser qu'elle ait pris naissance à Dol, nous ne pouvons l'admettre parmi les célébrités locales, non plus que l'hagiographe Louis Chardon (1657).

relever une certaine méprise échappée, parmi grand nombre d'autres (1), à l'annotateur du *Nouveau Dictionnaire de Bretagne*. L'auteur (v° *Dol*), après avoir indiqué un petit opus-
cule qui n'importe à notre sujet, en signale un second qu'il indique comme une pièce ayant pour titre : « *Paulus prædicans
resurrectionem mortuorum.* » De prime-abord, nous avons cru,
et tout le monde eût cru comme nous que cette pièce, indiquée
par l'annotateur du *Dictionnaire*, était un drame dans le genre
pieux et de l'espèce de ceux que quelques communautés reli-
gieuses faisaient jouer autrefois dans l'intérieur de leurs mai-
sons, pour le délassement et la distraction de leurs élèves. Or,
quelle n'a donc pas été notre stupéfaction, lorsqu'après avoir
minutieusement compulsé tous les biographes qui ont parlé du
frère Albert de Saint-Gilles, il nous a été démonstrativement
prouvé que la pièce attribuée par le rédacteur au frère Albert,
n'était rien autre qu'un vol. in-4° de 769 pages, contenant huit
dissertations de théologie, science aride on le sait, et qui ne
sont pas le moins du monde le drame ou la comédie. Ajoutons,
comme nouvelle rectification, que le P. Albert de Saint-Gilles
ne mourut point le 14 octobre 1670; mais qu'il décéda à Auray,
dans le Morbihan, le 14 novembre de cette année, à un âge fort
avancé.

---

(1) C'est ainsi que l'annotateur fait naître à Dol le bénédictin Dom Hervé,
qui néanmoins appartenait au Berry. — C'est bien ici le cas de dire que, quand
une erreur a été une fois commise, la vérité se fait difficilement jour, et qu'on
répète très-docilement ce qu'ont formulé les devanciers. — Ainsi, Dom Gilbert
Génébrard ayant écrit au XVI° siècle que Hervé était né à Dol, Gilles Duplix le
répète étourdiment au siècle suivant. Notre bon et respectable ami, M. de Kerdanet, reproduisait en 1848 l'opinion des deux écrivains précédents, ne pensant
pas sans doute qu'ils l'induisaient en erreur. Depuis, cette même assertion erronée a été remise en honneur par le *Nouveau Dictionnaire de Bretagne*, la
*Biographie bretonne* (p. 904), et finalement par l'auteur du *Panorama d'un
Beau Pays*. La vérité cependant est que Dom Hervé, religieux de l'abbaye de
Bourg-Déolz (*Burgi-Dolensis*), naquit au Mans et mourut dans son abbaye de
Bourg-Déolz, vers l'an 1150. — Que si l'on ne veut pas nous croire sur pa-
role, que l'on consulte Fabricius (*Bibliotheca*, t. 3), et après lui l'histoire de
Dom Rivet (XII, 344). — Une dernière observation encore, à propos de la
*Biographie bretonne*. On a lieu de s'étonner de ne pas y voir les noms des
députés Garnier; Symon (sur lesquels l'abbé Tresvaux a publié des notices si
inexactes), du marquis de Saint-Aulaire; député, pair de France, ambassa-
deur, etc., né au château de la Mancellière, près Dol, le 9 avril 1778; — du
prévôt du chapitre de Dol, Radbod, auteur d'une lettre au roi Athelstan; —
du conventionnel Thomas Tréhouart de Beaulieu, qui dort son dernier sommeil
dans le pittoresque et humble cimetière d'Epiniac...... — Nous signalons ces
lacunes, uniquement dans le désir de les voir combler dans le supplément
qui sera sans doute publié à la fin du second volume de cette publication mo-
numentale et destinée à vivre

C'est vraiment quelque chose d'inouï que de voir les lourdes méprises dans lesquelles sont tombés presque tous ceux qui se sont occupés de ce pauvre moine.

Il a paru, voilà quelque temps, certain ouvrage où il est question de Dol, et, à cette occasion, d'Albert de Saint-Gilles. On y lit « que cet écrivain à voulu nous « *donner de la haute* » *éloquence.* » Évidemment l'auteur de ces lignes sommeillait quand il les a tracées, car il nous donne la plus forte preuve qu'il ne connaissait pas même de nom l'ouvrage qu'il a voulu analyser, et qu'avec sa perspicacité prétendue, il n'a pas soupçonné que l'écrivain carme s'était proposé d'exposer la doctrine de l'apôtre des nations, contre les hommes qui nient l'immortalité de l'âme et le dogme si consolant de la vie future, ce dont il s'est acquitté avec succès (*egregiam hanc elucubrationem*), et talent (*et facundam explanationem*), au dire des hommes compétents en cette matière. Ce qui me confirme de plus en plus, dans l'opinion que l'écrivain que je rectifie n'a pas du tout saisi le sens du livre d'Albert de Saint-Gilles, c'est qu'à la fin de sa mention il ajoute cette plaisanterie de mauvais ton, dans un si grave sujet : « *Je crois que cet ouvrage ne se* » *réveillera, avec son auteur, qu'à la résurrection générale* » (1).

Au reste, tous nos écrivains locaux ne se sont pas seulement trompés sur le carme Albert de Saint-Gilles, ils ont encore complétement mis en oubli un autre de ses confrères, également né à Dol, SÉBASTIEN DES ANGES, auteur d'un petit livret intitulé : *Sentences spirituelles tirées des vies et des ouvrages des saints.* Paris, veuve Sébastien Huré (1653), in-16. On a eu bien tort d'oublier ce brave homme, dont un biographe parle en ces termes : « *Vir suis fratribus amabilis, et ipse pietatis amator*

(1) *Panorama d'un Beau Pays*, tome 2. Nous aurions beaucoup d'autres erreurs à relever dans le susdit livre, mais nous y reviendrons une autre fois.

Nous terminons cette note en donnant quelques détails exacts sur Albert de Saint-Gilles.

Gilles Leroy (dit en religion Albert de Saint-Gilles), naquit à Dol vers la fin du XVIe siècle, et fit profession de l'Etroite Observance le 2 juin 1609, au couvent de Rennes, dont le père Philippe Thibault était alors prieur. En 1616, Albert alla étudier à La Flèche, puis en 1620, il fut établi lecteur du couvent réformé de Nantes. Mais, désireux d'obtenir le titre de docteur, Albert partit de Nantes pour aller suivre les cours de l'Université de Paris, où il obtint réellement ce titre honorable pour sa mémoire. Il ne rentra en Bretagne qu'en 1653, et mourut au couvent d'Auray (Morbihan), le 14 novembre 1670. « *Vir moribus venerandus, scientiæ divinæ indagator assiduus...* » — (*Bibliotheca carmelitana*, tome 1, 17). — *Speculum carmelitanum*, II, p. 1088, nº 3825, etc.

*ferventissimus...* » Sébastien Des Anges mourut à Paris le 29 septembre 1661, le jour anniversaire de son entrée en religion (29 septembre 1633).

A partir de la première partie du XVIII<sup>e</sup> siècle, il ne paraît pas que le couvent des Carmes ait publié aucun ouvrage d'importance. Par suite du laps des siècles, le monastère s'était considérablement enrichi des générosités et des libérales profusions des fidèles. Peut-être, sous l'influence pernicieuse de ces opulentes richesses, le couvent des Grands-Carmes de Rennes avait-il perdu de l'austérité et de la ferveur qui caractérisent ordinairement les premiers jours. Le relâchement et tous les malheurs qui en sont la suite envahirent la maison ; dès lors, plus de ferveur religieuse, plus d'ardeur littéraire. Là-dessus, le grand mouvement de 89 venant à éclater, acheva d'anéantir un établissement que les siècles avaient constitué. Prêtres, religieux, tout fut expulsé ; le moustier mis en vente, et l'église, après avoir servi d'écurie pour les chevaux de l'armée de l'Ouest, fut démolie en 1798, de telle sorte qu'il n'en reste plus rien aujourd'hui, bien que le contraire soit faussement avancé par l'inexact abbé Tresvaux, lequel, confondant l'antique et malheureuse église des Jacobins de la rue *Haute* (*Saint-Malo*) avec celle des Carmes de la rue Vasselot, assure que cette dernière sert aujourd'hui de magasin à foin.

Aujourd'hui, à la place de la vieille église où reposaient les ossements de tant de familles, d'évêques et de religieux, s'ouvre une rue que parcourt une génération commerçante et peu soucieuse des souvenirs que rappelle le nom de cette voie publique. A la place de ces grands cloîtres silencieux et sombres, où les enfants d'Elie et d'Albert méditaient en paix les années éternelles, des lieux de plaisir, d'amusement et de dissipation ! O vicissitude des choses de la terre !

*O vanas hominum mentes et ingenium inane !*

## V.

RUES DERVAL ET SAINT-GEORGES. — PARAVIS DU PALAIS. — IMPRIMEURS DU PARLEMENT. — JOURNALISME A RENNES.

Des rues Vasselot et Saint-Germain, où les imprimeurs Pierre Coupard, Jacques, Mathurin et Claude Denys et le couvent des Carmes nous ont retenu si longtemps, nous nous acheminons vers la haute ville, en passant sur le vieux pont Saint-Germain (1). Nous dirigeant ensuite par les rues Derval et Saint-Georges (2), qui existaient dès le XVᵉ siècle (1456), puis par le carrefour de la Charbonnerie, nous arrivons vis-à-vis le Palais du Parlement, bâti au XVIIᵉ siècle. Dans cette partie, nous trouvons : dès 1619, Pierre Garnier, à l'enseigne de la *Bible-d'Or*; Julien Ferré, à *l'Espérance* (1659); Jean Vatar, imprimeur du Roi et du Parlement, à la *Palme-d'Or* (1674); François Vatar et sa veuve (1717). En 1720, Guillaume Vatar transporta son imprimerie dans l'enceinte du Palais, sous la chambre des Enquêtes, où elle resta jusqu'en 1839, qu'elle fut transportée par M. A. Jausions là où elle se trouve aujourd'hui.

Rappelons ici que c'est des presses de la veuve François Vatar, imprimeur du Roi et du Parlement, que sortit le premier journal qui ait paru à Rennes. Un jour, nous ferons l'histoire du journalisme à Rennes; aujourd'hui, nous dirons seulement que cette feuille hebdomadaire, intitulée *Affiches de Rennes*, commença à paraître vers la fin de 1784 (3) et continua jusqu'en mai 1791, du moins autant qu'on en peut juger par une collection incomplète que possède la Bibliothèque publique de Rennes, en 2 v. in-4°.

Sans doute, le récit que nous venons de faire ne sera pas le dernier mot dit sur l'imprimerie à Rennes ; malgré les soins et les labeurs que nous nous sommes donné, pour le rendre aussi complet que possible, il pourra être complété, même rectifié peut-être, car c'est le sort de toutes les productions qui sortent de la main des hommes, d'être destinées à un perfectionnement continu. Et nous avons d'autant plus raison de parler en ces termes, que jusqu'à ce jour il n'avait rien paru sur l'histoire

(1) Sans nous occuper des changements opérés depuis deux siècles, nous suivrons l'itinéraire tel qu'il se pouvait parcourir au milieu du dix-septième siècle.

(2) La rue Saint-Georges tire son nom de l'ancienne abbaye de ce nom, fondée au XIᵉ siècle (1032), et dont une partie des bâtiments a été de nos jours transformée en caserne. Ainsi, le silence du cloître a fait place à l'agitation de la garnison.

Au dix-septième siècle, les rues Derval et Saint-Georges étaient presque exclusivement habitées par les conseillers en la Cour du Parlement, ainsi qu'il est appris par le registre de la *Réformation du Domaine*, qui donne les noms de ces conseillers. Faisons remarquer que c'est dans la dernière de ces rues qu'habitait le célèbre jurisconsulte Charles-Bonaventure Toullier, né à Dol le 24 janvier 1752, et non pas le 2 janvier, comme on l'a dit et ignoramment répété, sans se donner la peine de vérifier l'exactitude de ce fait. (V. *Notice sur Toullier*, par Duvergier; — *Statistique de l'arrondissement de Saint-Malo*, par Lecoq; — *Panorama d'un Beau Pays*, t. II, p. 463.

(3) Registre de la Chambre syndicale.

de l'imprimerie en Bretagne. Ainsi il ne devra pas être étonnant que notre travail présente quelques lacunes, qui, d'ailleurs, et pour le plus souvent, ne doivent pas nous être imputées, comme nous l'avons fait observer.

Enfin, tel qu'il est déjà, le catalogue des imprimeurs de Rennes présente une réunion de noms telle qu'il n'en avait point encore paru.

Maintenant, nous allons continuer de la même manière pour les autres villes de Bretagne qui ont possédé des imprimeries.

## VI.

### BRÉHAND-LOUDÉAC. — LANTENAC.

Bréhand-Loudéac, aujourd'hui petit bourg obscur du Morbihan (arrondissement de Ploërmel), est la seconde localité de Bretagne qui ait vu naître une imprimerie, et même on pourrait peut-être la mettre au premier rang. Il serait bien intéressant, sans doute, de connaître les raisons qui déterminèrent l'établissement d'imprimeries en ce lieu ; mais ce sera probablement toujours chose impossible.

Pour tourner la difficulté, nous dirons donc seulement que Jean Crez et Robin Fouquet, *maîtres en l'art d'impression*, comme on disait au XVe siècle, ont imprimé à Bréhand-Loudéac, en 1484 et 1485, plusieurs ouvrages aujourd'hui fort recherchés des bibliophiles, et dont on peut lire la liste dans la *Biographie Bretonne* (1), qui la donne d'après le *Manuel du Libraire* de M. Ch. Brunet (2).

Plus tard, vers 1491, Jean Crez, s'étant séparé de Robin Fouquet, alla s'établir à Lantenac, bourg actuel des Côtes-du-Nord, où il édita encore deux autres ouvrages (3).

Ainsi que nous l'avons dit un peu plus haut, la *Biographie Bretonne*, de M. Levot, indique plusieurs ouvrages sortis des presses des deux premiers imprimeurs de Bréhand-Loudéac. — En voici deux, cependant, qu'elle a omis : *Le Mirouer de l'âme pécheresse, très-utile et profitable....*, in-4° goth. de 56 ff., y compris le titre, 27 lignes à la page (1484).

*Le livre nomé la Vie de Jesucrist...*, in-4° goth. à longues lignes (1485).

---

(1) T. 1, p. 482-83.
(2) T. 3, p. 709. — T. 1, p. 308.
(3) *Biog. Bret.*, 1. 483.

Ces deux ouvrages sont fort rares, dit M. Brunet, aux recherches de qui nous en devons la connaissance, et qui en donne une description fort détaillée dans son *Manuel du Libraire*.

Quant à Simon *Colinæus*, je n'ai trouvé aucune preuve qu'il eût travaillé à Bréhand-Loudéac, bien que MM. Mareschal, Miorcec de Kerdanet et Habasque affirment le contraire. Il y a même plus, c'est qu'il n'était pas né à Collinée, ainsi que le prétend le *Nouveau Dictionnaire de Bretagne*, et c'est arbitrairement qu'on a traduit *Colinæus* par Collinée, nom d'une bourgade des Côtes-du-Nord.

## VII.

## TRÉGUIER.

Jean Calvez imprimait à Tréguier, en 1499, le *Catholicon* d'Auffret de Quoatqueveran. Ce n'est pas, dit M. Levot, le premier ouvrage imprimé à Tréguier dans le XVᵉ siècle, car M. Brunet (t. 1, 795) mentionne d'après le catalogue Motteley, n° 275, l'ouvrage suivant : *Establissements du duc de Bretagne, sur les Pledoieurs et leurs salaires.* Imprimé en la cité de Lantreguet, 1485, in-8° goth. Il existe, en outre, à la Bibliothèque publique de Rennes un volume imprimé aussi à Tréguier la même année. Le titre manque à ce volume de format in-16, imprimé en caractères gothiques. Il n'est pas chiffré. Une note, imprimée au bas d'une des dernières pages, nous fait connaître les initiales du nom de l'imprimeur :

> Ici finissent les costumes o les constitu-
> cions establissemens de Bretaigne corrig-
> es et adjustees devers plusieurs baulx et
> bons exemplaires, imprimees en la cité de
> Lantreguer par Io. P. le mⁱⁱⁱ* joⁱ de jung
> Lan de grace mil mⁱⁱⁱᶜ mˣˣ et v.
> Deo gracias.

Nous avons indiqué les premiers imprimeurs de la petite et obscure villote de Tréguier, nous allons maintenant nommer le dernier, car nous n'avons pu découvrir le nom d'aucun de ceux qui ont exercé dans l'intervalle, si aucuns ont exercé toutefois.

En 1723, Pierre Leviril vint s'établir à Tréguier et y exerça jusqu'à sa mort, sur le privilége des évêques du lieu. A son décès, arrivé vers 1762, l'imprimerie fut éteinte à Tréguier, conformément à l'art. 5 de l'édit du Roi, du 12 mai 1759.

Depuis cette époque, il n'y a pas eu d'imprimeur à Tréguier, qui n'est plus aujourd'hui qu'un simple chef-lieu de canton, de même que Dol et Saint-Pol-de-Léon. — Voilà quel a été pour ces petites villes le revenant-bon des commotions politiques. Et, s'il était permis de comparer les grandes choses aux petites (*magna componere parvis*), nous dirions :

Venit summa dies et ineluctabile tempus
Dardaniæ : fuimus Troes, fuit Ilium et ingens
Gloria Teucrorum.................... (Virg.)

## VIII.

## NANTES.

Nantes est la quatrième ville de Bretagne qui ait vu naître une imprimerie dans son sein. Elle vient, dans l'ordre chronologique, après Rennes, Bréhand-Loudéac et Tréguier. (Voir ci-dessus.)

1493. — Estienne Larcher, imprimeur-libraire, demeurant rue des Carmes, près les Changes. — *Les Lunettes des Princes*, 1493, petit in-4° gothique (1).

1501. — Guillaume Larchier. — *Missel à l'usage de Nantes*, gothique, beaux caractères.

1507. — Guillaume Tourquetil, imprimeur, rue des Carmes. — *Statuts synodaux de l'insigne église de Dol*, recueillis et publiés par les soins de Mathurin de Pledran, petit in-4° gothique (2).

1517. — Jean Beaudouin, rue des Carmes. — *Heures*, citées par Nicolas Travers.

1527. — Anthoine-Michel Les Papoline. — *Les louables Coustumes du pays et duché de Bretaigne*, in-8°.

1593. — Nicolas Desmarestz et François Faverye. — *Alliances généalogiques de la maison de Lorraine*, par Pierre Biré, sieur de la Doucinière, in-f°, 1593.

1600-43. — Pierre Doriou, imprimeur du Roi et de l'Uni-

---

(1) *Manuel du Libraire*, t. 3, V° Meschinot, page 369-73.

(2) Ce rarissime volume commence par une estampe. On lit ensuite un Mandement en latin de Mathurin de Pledran. Enfin, viennent les statuts synodaux d'évêques dolois du XIII° siècle (Thibauld de Pouencé, Jean du Bosc) et de leurs successeurs : Guillaume Meschin, 1326, — et non pas Guillaume de Brie, ainsi que nous l'avons dit par erreur (*Dol et ses alentours, histoire politique et municipale*); — Henri Du Bois, Etienne Cœuvret, Jean de Brue, Alain de l'Espervez, Raoul de la Moussaye, Michel Guibé. — Ce recueil de statuts synodaux est une mine précieuse pour l'histoire des mœurs du pays.

4

versité. — *Légende d'Albert Legrand*, 1637. — *Liber de Arâ*, par Berthauld. — *Coutumes de Bretagne*, 1602, in-4º.

1612. — Luc Gobert.

1631. — Sébastien d'Hucqueville, rue de la Juifverie. — *L'Episemasie*, etc., de Pierre Biré.

1637. — Hilaire Mauclerc.

1640. — Guillaume Lemonnier. — *Le Commerce honorable*, par Mathieu de Saint-Jean, 1648.

1641-88. — Michel Maréchal, seul imprimeur du Roy, de la Ville et de l'Université, Grand'Rue, au *Petit-Jesus*. — *Institutiones imp. Justiniani, in quatuor libros Digestæ, per definitiones ac divisiones explicatæ, ab Isaaco Prouho. Nannetis, 1665.*

1643. — Veuve P. Doriou.

1650. — P. Doriou, imprimeur du Roi et de l'Université.

1660-84. — Pierre Querro, imprimeur de la Ville et libraire-juré de l'Université, à la *Croix du Saint-Esprit*.

1671. — Sébastien D..iou. — *Les Œuvres secondes de l'Arithmétique abrégée*, par Martin de la Nove, Tourangeau. 2e édition, in-8º.

1680-1719. — Joseph d'Hucqueville. — *Rondeaux sur tous les rois de France, et Sonnets sur différents sujets*, 1688, in-4º.

1688-1723. — Jacques Maréchal, fils de Michel, seul imprimeur du Roi, reçu par arrêt du 30 avril 1688.

1690-1709. — André Querro, fils de Pierre, meurt en 1709. Sa veuve lui succède jusqu'en 1729, époque de sa mort. — *Recueil des Edits*, etc., *concernant la Chambre des Comptes de Bretagne.* 1721, in-fº, 2 volumes.

1711. — Sébastien Maréchal, fils de Michel.

1719-73. — Pierre-Isaac Brun, fils d'imprimeur, reçu par arrêt du 6 mai 1719, en remplacement de Nicolas Bailly, son beau-père. Imprimeur du commerce.

1720-74. — André Querro, fils et petit-fils d'imprimeur, reçu imprimeur par arrêt du 20 juillet 1720, sur la démission de Joseph d'Hucqueville. — Imprimeur de l'Université, — haute Grand'Rue, au-dessus du Puits-Lory.

1721-49. — Nicolas Verger, reçu imprimeur du Roi, concurremment avec Pierre Maréchal (1721). Imprimeur de l'évêque, — haute Grand'Rue, près la rue Beau-Soleil, *au Nom de Jésus*. — *Coutume de Bretagne*, par Sauvageau.

1722-35. — Pierre Maréchal, fils de Jacques, reçu par arrêt du 30 octobre 1723. — Après sa mort, Renée Baissin, sa veuve, exerce jusqu'en 1780, à l'enseigne de la *Vertu*.

1736-50. — Antoine Marie, fils d'un secrétaire du lieutenant-général de police de Nantes, pourvu de l'office d'imprimeur, en remplacement de Pierre Maréchal, par arrêt du 12 mars 1736. — Imprimeur de la ville et de la police, — Grand'Rue, à *l'Assomption*. — Sa veuve, jusqu'en 1770.

1750. — Joseph-Mathurin Vatar, de Rennes, pourvu de l'office de Nicolas Verger, son beau-père, par arrêt du 19 septembre, et sur la démission de ce dernier. — Imprimeur du Roi et de l'évêché.

1766-80. — Nicolas-Joseph Vatar, fils de Joseph, pourvu (1766) de l'office paternel, sur la démission de sa mère. — Seul imprimeur du Roi et de la Chambre des Comptes, place du Pilori. — *Dictionnaire de Bretagne*, par Ogée, 4 vol. in-4°. 1776-80.

1770-1815. — Auguste-Jean Malassis des Brosses, marchand-libraire à Nantes, et gendre de la veuve Antoine Marie, est reçu imprimeur (juin 1770) à la place et sur la démission de sa belle-mère. — Sa veuve, jusqu'en 1815.

1780. — Pierre-Jean Brun, aîné, succède à Nicolas-Joseph Vatar, par suite de la cession que celui-ci lui fait de son imprimerie, au prix de 3,000 livres. Imprimeur du roi.

1790-1802. — Michel Guimar, né à Bonnœuvre en 1748, reçu libraire le 7 novembre 1783 et imprimeur en 1790. — *Annales nantaises*, in-8°, 1795 (1).

---

(1) M. Camille Mellinet (*La Commune et la Milice de Nantes*, t. 2, 328) range parmi les imprimeurs nantais au XVIIIe siècle Pierre Douette ou Drouette et Guillaume Cors. — Je crois que c'est à tort. — Il faut dire, cependant, que Joseph de Heucqueville, ayant donné sa démission en faveur de Pierre Douette, celui-ci fut pourvu de sa place par arrêt du Conseil du 30 décembre 1749. Mais André Querro, fils de la veuve, s'étant opposé à cet arrêt et ayant demandé la place vacante par la démission de Joseph de Heucqueville, comme lui étant due, comme fils de maître, un arrêt du 20 juillet 1720 le reçut opposant à l'arrêt du 30 décembre 1749, et, en conséquence, la place lui fut adjugée. En 1736, le pauvre Douette renouvela ses démarches, mais encore inutilement, faute, sans doute, de protection; car de ce temps comme du nôtre, c'était le plus sûr moyen de parvenir à tout.

Enfin, vers 1744, il obtint d'être reçu libraire à Nantes, où il exerçait encore en 1768 et faisait un commerce assez étendu.

Pour ce qui est de Guillaume Cors, il fut reçu libraire à Nantes en 1747, mais il ne paraît pas avoir jamais fait aucunes démarches pour obtenir un brevet d'imprimeur. En 1768, il était syndic de la communauté.

1791-1812. — P.-F. Hérault.

1805. — P.-F. Busseuil. — *Essais sur des Monuments armoricains, qui se voient sur la côte méridionale du département du Morbihan, proche Quibéron*, par M. de Penhoët, in-4°.

1814. — V. Mangin. — *Recherches historiques sur la Bretagne, d'après ses monuments anciens et modernes*, par M. de Penhoët, in-4°.

1819-44. — Camille Mellinet-Malassis. — *La Commune et Milice de Nantes*, 12 vol. in-8°. — *Précis historique, etc., sur Guérande, le Croisic et leurs environs*, par J. Morlent, in-8°.

1823. — Forest. — *Notices sur les villes et les principales communes du département de la Loire-Inférieure*, par J. Le Boyer, in-12.

1830. — C. Merson. — *Annales de Nantes*, par Meuret, 2 volumes in-8°.

1844. — Veuve Mellinet. — *Annales de la Société académique de Nantes* (1).

1848-53. — Léon-Alexis-Marie Guéraud, né à Vieillevigne (Loire-Inférieure), le 14 mai 1808, fut reçu bachelier ès-lettres, le 5 août 1826, à Rennes. Il se prépara ensuite à entrer à l'Ecole polytechnique ; mais, par des considérations de famille, il abandonna cette carrière. Après de longs voyages dans les Indes, il revint en France, et la mort d'un frère, qui exerçait

---

Puisque nous parlons de communauté, il faut dire qu'il existait encore à Nantes une chambre syndicale qui faisait, deux fois par semaine, la visite des ballots de librairie. Les élections des officiers de la chambre se faisaient tous les ans : souvent c'étaient les mêmes qui étaient réélus.

Rennes avait aussi sa communauté et aussi sa chambre syndicale, créée en 1624, supprimée en 1777, puis rétablie par arrêt de novembre 1784.

La communauté des imprimeurs, libraires, relieurs, de Rennes, possédait des statuts rédigés en 1626 et approuvés par lettres-patentes de 1678.

Les règlements de la communauté de Nantes étaient les mêmes que ceux de Paris, auxquels elle se conformait.

L'édit du 21 juillet 1704 attribuait quatre imprimeries à Rennes et autant à la ville de Nantes. Deux à Vannes et à Saint-Malo. Une à Saint-Brieuc, Quimper, Dinan et Dol. — Hennebond, Tréguier, Saint-Pol, Redon, Vitré et Morlaix n'étaient pas compris dans cet édit.

(1) Le lecteur remarquera sans doute les lacunes qui existent à la fin du catalogue des imprimeurs de Nantes ; mais nous sommes dans la dure nécessité de déclarer que ces lacunes, ainsi que celles qui se trouveront dans la suite, doivent rester à la charge de ceux qui, possesseurs de renseignements curieux sur leurs familles, auraient dû répondre à l'appel patriotique que nous avons fait à leur bonne volonté, mais ne l'ont pas voulu.

la librairie à Nantes, le décida à prendre la direction de l'importante maison que ce frère avait créée. Il fut reçu libraire à la résidence de Nantes, le 16 décembre 1843, et nommé imprimeur dans la même ville, à la date du 4 juillet 1848.

« Homme de progrès, homme de mérite, entendu dans les affaires, » M. Léon Guéraud eût pu tenir un rang distingué comme imprimeur-éditeur parmi les typographes bretons, n'était que l'impitoyable mort, qui détruit si souvent les plus belles espérances des hommes, ne l'eût ravi à sa bonne mère, à sa famille et à ses nombreux amis, le 13 janvier 1853, à l'âge seulement de 44 ans (1).

L'imprimerie de M. Léon Guéraud est aujourd'hui aux mains de son frère Armand-Laurent Guéraud, comme lui né à Vieillevigne, le 31 août 1824, et nommé imprimeur et libraire le 21 mars 1853.

*Revue des provinces de l'Ouest* (1853-57), 4 vol. in-8°, — publiée par Armand Guéraud.

*Géographie de la Loire-Inférieure*, par MM. E. Talbot et A. Guéraud, in-18 de 316 pages.

## IX.

## SAINT-MALO.

Presque exclusivement absorbé par les intérêts de son commerce et de sa marine, Saint-Malo ne fut jamais très-littéraire, ce qui n'empêche pas qu'il n'ait produit des hommes très-célèbres (2). On a cité un volume imprimé à Saint-Malo en 1555 ; mais nous n'avons pu retrouver les noms des imprimeurs que depuis le commencement du XVII^e siècle.

1617. — Pierre Marcigay. — *Rituel romain de Paul V*, in-4°. — *Statuts synodaux du diocèse de Saint-Malo*, in-8°, 1619.

1628. — Nicolas de La Biche. — *Antiquités de la cité d'Aleth ou Quidaleth*, in-8°, 1628. — « C'est un squelette que ce livre de l'abbé de Querey, » dit le bonhomme Manet, toujours dévoré de la manie de formuler un jugement. Au fait, on y trouve des

---

(1) Voir *Courrier de Nantes* du 15 janvier 1853, n° 2678. Imp. W. Busseuil, rue Santeuil, 8.

(2) « Vous savez, Monseigneur, que ce pays-icy ne produit guères d'auteurs et très-peu de gens de lettres; d'ailleurs, il n'oseraient imprimer d'ouvrages suspects, sous les yeux clairvoyants de notre prélat. » (Lettre du subdélégué de Saint-Malo, Nouail de Cohigné, 23 mars 1730.)

étymologies *renversantes*. D'où vient le nom de Césambre, par exemple? — de *cœsis membris*, répond de Quercy.

1661-85. — Antoine Delamarre. — *Propre du diocèse de Saint-Malo*, publié par Sébastien de Guemadeuc.

1730. — Raoul Delamarre. — *Propre du diocèse de Saint-Malo*, publié par l'évêque Jacques-Vincent Desmaretz.

1754-62. — Sébastien Delamarre, né à Saint-Malo en 1700, fut reçu imprimeur à Saint-Malo, par arrêt du conseil du Roi, du 8 avril 1754. Ayant vendu son imprimerie à Jean-Baptiste Lecomte, il se retira ensuite à la campagne, pour cause de pauvreté.

1754-62. — Jean-Baptiste Lecomte, né aussi à Saint-Malo, en 1700, succéda à son père, qui avait été également imprimeur-libraire. Il fut reçu par un arrêt de même date que celui de Sébastien Delamarre, dont nous avons parlé ci-dessus, de sorte qu'en 1759 il y avait deux imprimeurs à Saint-Malo, ce qui, du reste, était conforme à l'édit de juillet 1704. Mais un édit du 12 mai 1759 ayant réduit à un seul le nombre des imprimeurs de Saint Malo (1), il fut décidé, par l'art. 4 de cet édit, que l'imprimerie de celui d'entre eux qui viendrait à décéder le premier serait supprimée, sans qu'il pût désormais y en avoir plus d'une dans cette ville. Le 1er juin 1762, Delamarre céda son privilége à Lecomte, moyennant une rente viagère de 300 livres.

1762-85. — Louis-Philippe-Claude Hovius, fils de Guillaume Hovius (2) et de Marie-Anne Couturier, naquit à Rennes, en janvier 1722. D'abord libraire à Saint-Malo, il acquit, en 1762, le privilége de J.-B. Lecomte, moyennant une pension annuelle de 600 livres; puis, sans prendre la précaution de faire homologuer son traité, il exerça la profession d'imprimeur jusqu'en 1767, qu'ayant imprimé « *différents libelles, il fut dénoncé* (3),

(1) Il en fut de même pour Vannes, Quimper, Saint-Brieuc, Lorient et Brest. Quatre imprimeries étaient accordées à Rennes et à Nantes, les autres supprimées à dater du décès de chaque titulaire.

(2) A l'article de Rennes, nous avons déjà parlé de la famille Hovius, originaire d'Amsterdam, ainsi qu'il a été dit. Jean-Baptiste Hovius est le dernier imprimeur de ce nom, à Rennes. Après sa mort, sa veuve exerça encore quelque temps (1730). Guillaume-René Hovius, né en 1696, fils de J.-Baptiste et père de Louis-Philippe-Claude, mourut à Rennes le 7 août 1726, mais sans avoir exercé l'imprimerie sous son propre nom.

(3) Nous reproduisons ici le texte de la correspondance de l'intendant Bertrand de Molleville, avec le garde des sceaux Hue de Miromesnil. Les libelles dont est question sont les Mémoires du procureur-général La Chalotais, comme nous le dirons plus amplement dans un autre chapitre.

*destitué et renfermé successivement au château de Saint-Malo et à la Bastille.* »

« Louis Hovius est le seul qui entende bien le commerce de livres, écrivait en 1768 le subdélégué de Saint-Malo, White de Boisglé, *et qui ait suffisamment des fonds pour le faire* : sans lui ou si en sa place il ne venait s'établir un libraire bien monté, le public manquerait du nécessaire... Il a étendu, par tout le royaume et aux colonies de l'Amérique et de l'Inde, son commerce. Il a trois enfants en bas-âge... »

Louis Hovius obtint son rétablissement par arrêt du 19 mai 1776, ainsi que nous aurons occasion de le dire plus au long dans un chapitre subséquent, en racontant les détails de sa destitution.

1767-1806. — Julien Valais, né à Rennes, paroisse Toussaint. Hovius ayant été destitué, comme on l'a vu, Lecomte rentra de droit dans la propriété de son imprimerie, qu'Hovius n'avait fait qu'affermer ; en conséquence, il la céda à Valais, ancien ouvrier d'Hovius, pour une pension annuelle de 600 livres. Valais fit homologuer son traité, et par arrêt du 23 décembre 1767, il fut ordonné qu'il serait reçu imprimeur à Saint-Malo, pour y remplir la seule place réservée par les règlements des 3 avril 1754, 12 mai 1759 et 20 juillet 1767.

Le même arrêt (de décembre 1767) le déclare libraire, écrivait le subdélégué en 1768, « *mais il n'a ni livre, ni argent...* » Julien Valais traversa la Révolution, non sans y souffrir, et mourut vers 1806.

1786-1822. — Louis Hovius père s'étant démis de son titre d'imprimeur, un arrêt du Conseil, du 5 août 1785, transmit son privilége à Henri-Louis Hovius, son fils. Mais, sur les réclamations pressantes de Julien Valais, réclamations fondées, du reste, et très-chaudement appuyées par l'intendant de Bretagne, l'arrêt fut rapporté. Heureusement, M. de Hercé, évêque de Dol, ayant sollicité, sur ces entrefaites, le rétablissement de l'imprimerie de sa ville épiscopale, un arrêt du 6 novembre 1786 la rétablit en faveur de Henri Hovius; mais pendant sa vie seulement.

Henri-Louis Hovius, né à Saint-Malo, le 25 septembre 1756, reçu libraire en 1771 (1), puis successivement membre du district de Saint-Malo, adjoint au maire (1804-14) et président du tri-

_____

(1) Registre de la Chambre syndicale de Rennes.

bunal de commerce de cette ville (1), mourut le 2 mai 1822, à l'âge d'environ 66 ans.

1812-30. — Louis-François Hovius, fils du précédent et de Marie-Jeanne Viel de Belêtre, né le 25 octobre 1788, fut d'abord associé au commerce de son père vers 1812; après le décès de ce dernier, il le prit à son compte et le continua jusqu'en 1830, qu'il vendit son imprimerie à son prote, J.-M. Macé, dont la veuve exerce encore à cette heure-ci.

En 1830, M. Louis Hovius fut nommé maire de Saint-Malo, et pendant vingt-six ans il administra cette cité, c'est-à-dire jusqu'à la fin de 1855, qu'il voulut se démettre de ses fonctions; après une vie si noblement accomplie, c'était bien justice de prendre un peu de repos (2).

1816. — Louis Valais, fils de Julien, nommé imprimeur à Saint-Malo, sur la recommandation du sous-préfet, par brevet du 2 mai 1816.

1824. — Henri Rottier, établi à Saint-Malo comme libraire dès 1800. — Biographie des Malouins célèbres, par M. F.-G.-P.-B. Manet, in-8°, 1824.

1834-49. — Edmond Caruel. — Histoire de la Petite-Bretagne, par M. Manet, 2 volumes in-8°. — Journal La Vigie de l'Ouest, 1838-49 inclusivement.

1850. — E. Hamel. — Le Commerce Breton, journal bi-hebdomadaire.

Parmi les ouvrages assez nombreux imprimés à Saint-Malo et que nous n'avons pu indiquer, faute d'espace suffisant, nous en signalerons deux principaux : Les Mémoires de La Chalotais. — L'Histoire ecclésiastique de Bretagne, dédiée aux seigneurs évêques de cette province, par l'abbé Deric, chanoine et vicaire-général du diocèse de Dol. 6 volumes in-12 (3) — (1777-89.)

---

(1) Aujourd'hui, un petit-fils de Henri Hovius préside encore le tribunal de commerce de Saint-Malo, c'est M. Ludovic Hovius. Un autre, M. Auguste Hovius, est consul de Hollande à Saint-Malo.

(2) M. Louis Hovius, chevalier de l'ordre de la Légion-d'Honneur, a aussi été député de l'arrondissement de Saint-Malo. — Outre les imprimeurs de la famille Hovius, que nous avons désignés pour avoir exercé en Bretagne, nous nommerons encore : Henry et Julien-Mathieu Hovius et Louis Hovius que nous retrouvons, les deux premiers à Liége, en 1663, le second à La Flèche, en 1750. — Réponses aux lettres provinciales. Liége, Hovius, 1658, in-16, broch. — Tractatus ascetici sive conciones asceticæ, de virtutibus, ex normâ adhortationum : à Jac. Lobbetio. Leodii, Math. Hovius, 1664-1665, in-4°, 2 vol.

(3) Suivant le Prospectus publié en mars 1777, par M. Deric, son ou-

Gilles Deric, l'auteur de ce bon livre, était né le 31 mai 1726 dans une paroisse de l'ancien diocèse de Dol, situé non loin de Saint-Malo (deux lieues), et qui rappelle le nom du solitaire Coulm ou Colomban (1).

Dès l'âge de trente ans, Deric était au rang des chanoines titulaires de l'église de Dol, et nous le retrouvons encore dans cette illustre compagnie, à la date de 1790, ainsi que le constate le procès-verbal de suppression du chapitre, procès-verbal dont nous avons eu l'original entre les mains, et qui porte la date des 19-20 novembre 1790 (2).

Depuis cet événement affligeant pour son cœur, Deric n'habita plus que peu de temps à Dol. Douze années, douze longues années devaient s'écouler pour Deric, infortuné qui, forcé par les exigences du temps, d'abandonner le doux pays de la patrie, devait mourir sans le revoir et laisser ses os sur la terre étrangère. En effet, il se proposait de rentrer en France, vers 1802, avec l'ancien syndic du diocèse de Dol, Guillaume-Jacques Véron, recteur de Carfantin, lorsqu'il fut atteint d'une maladie qui le conduisit en peu de jours au tombeau : ses restes furent inhumés à Jersey.

## X.

### MORLAIX.

« En l'année 1568, suivant le *Nouveau Dictionnaire de Bretagne*, une imprimerie fut établie au couvent de Saint-François-de-Cuburien (près de Morlaix), par le père François-Cristophe de Penfeunteniou, alors provincial de son ordre... C'est une *des premières imprimeries* qui aient été établies dans cette partie de la Bretagne. »

---

vrage devait avoir huit volumes au plus; six ont été publiés. Ainsi, l'auteur du *Panorama d'un beau pays* a été mal avisé d'affirmer qu'il ne nous était parvenu que « la moitié » de son immense travail. Il ne suffit pas d'affirmer magistralement, il faut encore être certain de ce que l'on affirme. — A bon entendeur, bon avis.

(1) Sur les premières années de Deric, voir : *Bibliothèque générale des écrivains Bretons*, par T.-F.-A. Gautier, in-8°, 1850. — Monographie de la cathédrale de Dol, 2° partie, 1851.

(2) Dans ce procès-verbal, on trouve une protestation du chapitre contre sa suppression. On n'y dit pas quel est l'auteur ou le rédacteur de cette protestation ; toutefois, on peut, sans trop d'invraisemblance, supposer que cette pièce est due à la plume de Deric, dont la signature est apposée à la fin. (Arch. dép., chapitre de Dol.)

5

Le dictionnaire a raison de dire que c'est une des premières et non la première; car nous avons déjà eu occasion de mentionner les imprimeries de Tréguier (1484) (1), et, quant à Morlaix, une imprimerie y existait déjà en 1557, sur le Pont-Bourret. De l'industriel qui dirigeait cette imprimerie, nous ignorons le nom; mais il publiait, en cette année 1557, deux mystères bretons intitulés : l'un, *la Vie de sainte Barbe*, et l'autre, *la Vie de saint Gwénolé*, en breton.

1621-50. — Georges Alliènne, imprimeur-juré à Rouen, avait aussi une boutique à Quimper-Corentin. — *Dictionnaire et Colloque français, breton et latin*, par Guillaume Quiquier, de Roscoff...... 1632. 1 vol. oblong (12 centimètres sur 8), imprimé à trois colonnes.

1634. — Mathurin Despancier, près la Porte-Bouret. — *Dévot pèlerinage du Folgoët, avec le sommaire des pardons et indulgences concédés à cette saincte chapelle.* In-18 de 223 pages.

1647. — Nicolas Dubrayet et Roberte Drillet, sa compagne, demeurant au Pavé, à l'enseigne du *Nom de Jésus et de la ville de Paris.* — *Calendrier des Festes de la Vierge, avec la liste des églises et chapelles de Notre-Dame bâties en l'évesché de Léon.* In-32 de 224 p.

1675. — De la Fregère. — *Statuts pour les frères Mineurs-Récollets de la province de Bretagne.* In-4°.

1689-1760. — Ecuyer Paul de Ploesquellec, apprenti de Paris. — Après sa mort, sa veuve lui succéda jusqu'en 1759 ou 60, qu'elle mourut. Après le décès de cette femme, l'imprimerie fut éteinte à Morlaix. — Près le Pont-Bouret, à la *Croix-d'Or.* — *Suspiria cordis,* auctore R.-A.-P.-H. Savonarola de Ferraria..... 1690.

---

(1) Puisque nous avons occasion de rappeler l'imprimerie de Tréguier, nous en profiterons pour donner une nouvelle leçon de la note qui se lit à la fin de la Coutume, imprimée en cette ville en 1484. La première leçon que nous avons donnée ci-dessus, page 24, d'après la *Biographie bretonne*, de M. P. Levot, est inexacte; car nous n'avions pas eu la précaution de la conférer avec le texte original. Cette seconde leçon est copiée sur le texte même de la Coutume :

Cy finissent les costumes o les constitucions establissemens de bretaigne corrige es et adiustees devers plusieurs leaulx et bons exemplaires : Imprimees en la cite de lantreguer Par la. P. Le lili.e ior de lung. lan de grace mill iiii.c iiiixx et v.
Deo gracias.

1767. — Pierre Guyon, de Morlaix, nommé imprimeur par arrêt du 18 octobre 1767, qui déroge à l'édit du 12 mai 1759.

1795-1819. — François Guilmer, natif de Morlaix, et gendre de Jacques Nicole, libraire en cette ville, s'établit d'abord, comme libraire, à Saint-Pol-de-Léon ; mais les troubles de la Révolution et la suppression de l'évêché de Léon le forcèrent à revenir à Morlaix, où il établit une imprimerie qu'il dirigea jusqu'à sa mort.

Après lui, sa veuve exerça encore quelque temps ; mais, en 1820, elle se démit en faveur de son fils, M. Victor Guilmer, né à Morlaix le 12 juin 1798, et qui exerce encore aujourd'hui, en vertu de brevets des 22 novembre 1831 et 2 février 1835.

M. Guilmer, fondateur, en 1839, du journal l'*Echo de Morlaix*, est encore inventeur de plusieurs procédés d'impression typographique, dont l'un a été mentionné dans le journal l'*Illustration*, numéro du 10 mars 1849. Admis à l'Exposition de 1855, M. Guilmer y présenta un cadre contenant les preuves de ses procédés, au nombre de cinq.

1804-55. — Louis-Marie-Alexandre Lédan, né à Morlaix en 1777 et apprenti de cette ville, s'établit à Morlaix comme imprimeur-libraire, en 1804, et, pendant cinquante ans, il y a exercé cette profession, jusqu'à son décès, arrivé le 17 avril 1855.

Ami dévoué de la vieille langue bretonne, qu'il connaissait parfaitement, M. Lédan a édité plusieurs ouvrages en cette langue, dont quelques-uns assez volumineux, et une foule de *guerziou* ou chants populaires bretons. En outre, à force de veilles et de persévérance, il a mis au net et formé un recueil de morceaux précieux, dont un grand nombre inédits, morceaux qu'il avait acquis, dans des courses réitérées à travers les campagnes du Léonais et du Trecorois, par tous les moyens que son dévouement lui suggérait. Ce recueil en huit volumes grand in-8° est aujourd'hui entre les mains de M. A. Lédan, son fils aîné et son successeur, par brevet du 3 juin 1856.

## XI.

## VANNES.

Nombre d'écrivains ont avancé, sans preuves positives, qu'une imprimerie aurait existé à Vannes en 1480, et que c'était en cette ville qu'auraient été édités le bréviaire et le missel publiés par Pierre du Chaffault, évêque de Nantes à cette époque (1).

D'abord donnons le titre de ces deux ouvrages : *Impressum est hoc Breviarium Venetus per Franciscum Renner de Hailbrun, impensis Guillermi Touzé, 1480.*

*Impressum est hoc Missale, Venetiis cura et industria Bartholomæi de Alexandria, Andreæ de Asula, et Maphei de Salo, sociorum anno salutis Dominicæ M.CCCC.LXXXII.VI idus maii. Laus Deo.*

Maintenant nous allons entamer la question du lieu d'impression, question qui nous paraît avoir été parfaitement résolue par un homme de science et d'érudition très-réelles, feu M. Baron du Taya, ancien conseiller à la Cour royale de Rennes.

Tous ceux qui ont parlé du *Bréviaire* et du *Missel* de Pierre du Chaffault ont traduit *Venetiis* par Vannes et ont cru que c'était dans cette ville qu'avait eu lieu l'impression de ces deux ouvrages. Mais, nous aurons bientôt occasion de dire qu'il ne se rencontre aucun nom d'imprimeur à Vannes avant le XVIe siècle, et par suite aucun ouvrage qui y ait été édité. Puis, le même M. du Taya trouve dans le répertoire de M. Hain, au nᵒ 3895, un bréviaire imprimé en 1477, à Venise, par le même Renner de Hailbrun ; un autre bréviaire en 1479, un missel en 1481, et une bible en 1480. L'établissement de Renner à Venise est donc de la dernière évidence, et rien ne s'oppose à ce que le libraire de Nantes, Guillaume Touzé, ait traité avec lui de cette impression. Il en est encore ainsi pour le missel de 1482. M. du Taya a encore trouvé, dans le même répertoire de M. Hain (Vᵇᵒ *Missale*), que Bartholomeus de Alexandria, Andreas de Asula, et Mapheus de Salodio, les trois imprimeurs du *Missel* du Chaffault, imprimaient en cette même année 1482, à Venise, un *Missel romain.* Voilà, ce semble, des preuves complètes devant lesquelles doivent tomber les assertions contraires, émises un peu légèrement, dit M. Bizeul de Blain, par des personnes qui s'occupaient assez peu de l'exactitude bibliographique (2).

_____

(1) Nicolas Travers, *Histoire ecclésiastique de Nantes*, t. 2, p. 474-80. — *Biographie universelle*, art. CHAFFAULT, par Villenave. — Tresvaux, *l'Église de Bretagne*, p. 78, 1839. — Ludovic Chaplain, *Annales de la Société académique de Nantes*, 1839, p. 179. — Habasque, *Notions historiques*, t. 2, p. 225. — Guépin, *Histoire de Nantes*, p. 236. — Mellinet, *La Milice et la Commune de Nantes*, t. 2, p. 325. — Guimard, *Annales nantaises.* — Meuret, *Annales de Nantes.* — De Kerdanet, *Notices chronologiques*, p. 73.

(2) *Le roi Audren. Mgr Saint-Yves. — Post-Scriptum bibliographique,*

Nous avons dit un peu plus haut que l'on ne rencontre à Vannes aucun nom d'imprimeur avant le XVIe siècle, c'est ce qui résulte de recherches scrupuleuses que M. J.-M. Galles, de Vannes, a bien voulu faire pour nous.

En 1589, il existait à Vannes un imprimeur du nom de Jean Bourrellier, qui a imprimé un *Bréviaire vannetais*, en deux volumes in-18, noir et rouge (1).

Dans la première moitié du XVIIe siècle, on retrouve Jessé Robert, Joseph Moricet (1618) (2), Vincent Dorioux (3) et Mathieu Hovius (4), sur lesquels nous manquons de détails étendus.

Nous sommes plus heureux pour ceux qui suivent.

Jean GALLES, sieur Du Clos, né à Caen (5) le 18 décembre 1644 et imprimeur en cette ville, vint à Vannes vers 1662, et y épousa, le 4 février 1670, Marie Robert, fille de Jessé Robert, maître imprimeur et libraire à Vannes, dont la maison était déjà fort ancienne dans cette ville, et qui la céda à son gendre.

Jean Galles eut deux fils, dans son premier mariage : Christophle (*sic*) et Vincent-Gabriel. Ayant perdu son épouse, le 15 avril 1680, il se maria en secondes noces à Olive Buor, qui lui survécut, car il mourut le 16 août 1684. Après la mort de Jean Galles, sa veuve dirigea l'imprimerie, tandis que Christophle et Vincent voyageaient en France. Nous reviendrons tout-à-l'heure sur le premier.

Après la révolte du papier timbré à Rennes, en septembre 1675, la Cour du Parlement fut ignominieusement traînée à Vannes, où elle s'installa le 29 octobre.

A peine arrivée en cette ville, dès le 3 février 1676, la Compagnie fit défense aux imprimeurs de Vannes et à tous autres d'imprimer aucunes listes ni arrêts de la Cour, à peine de 500

---

par M. B.-D.-T. Rennes, 1839. — *Biographie bretonne*, t. 1, p. 275. — Art. CHAFFAULT, par M. Bizeul, de Blain.

(1) Personne jusqu'ici n'avait mentionné ce bréviaire, pas même M. Tresvaux.

(2) *Extrakt des ordonnances et réglemens des cours de visite de Sébastien de Rosmadec, évêque de Vennes* (*sic*). — Vennes, Joseph Moricet, 1642. In-8o.

(3) *Histoire de sainte Anne, mère de la Sainte-Vierge*, par François de Kernatoux. — Vincent Dorioux, 1659. In-8o.

(4) *Traité des Domaines congéables, à l'usement de Tréguier et comté de Gouello*. — Vannes, Hovius. — In-4o, brochure sans date.

(5) La famille GALLES est originaire d'Angleterre. Vers 1580, un GALLES, anglais, passa en Normandie et s'établit à Caen. Il eut un fils, nommé Noël, qui lui-même donna la vie à quatre enfants : Pierre, Jacques, François et Jean, chef de la famille établie à Vannes.

livres d'amende. Le 8 du même mois, un autre arrêt confirmait Jean Vatar, ancien imprimeur du Parlement à Rennes, dans le droit d'imprimer seul tout ce qui pouvait concerner la Cour, et en même temps permettait à Julien Moricet de partager le privilége exclusif de Jean Vatar. Divers arrêts successifs réglèrent les droits des deux associés (1).

1683-1751. — Guillaume Le Sieur, natif de Vannes et apprenti de la ville de Dinan, ayant acquis judiciellement l'imprimerie du sieur Barazin (15 janvier 1683), fut reçu en qualité de maître imprimeur par le sénéchal de Vannes, M. Pierre Dondel de Querangeau (13 mars). — Il était décédé dès avant 1730; mais sa veuve lui succéda jusqu'à 1751 (2).

Peu d'années après l'installation de Guillaume Le Sieur, un autre imprimeur du nom de Jacques de Heuqueville fut autorisé à s'établir à Vannes, qu'on écrivait *Vennes*, encore à la fin du XVII<sup>e</sup> siècle. Il y publiait, en 1695 : les *Ordonnances synodales du diocèse de Vannes, publiées dans le synode général tenu à Vannes, le 22 septembre 1693, par M. Fr. d'Argouges, évêque de Vannes.* In-12 de 359 pages (3).

On voit, par une lettre de M. Morice, subdélégué de Vannes, qu'il y exerçait encore en 1730; mais que le mauvais état de ses affaires venait de l'obliger à mettre son état au greffe.

1685-1718. — Christophe Galles, né à Vannes le 9 novembre 1670, obtint des provisions d'imprimeur, en 1685, après avoir fait son apprentissage chez la veuve de Vincent Dorioux. Le 30 juin 1705, il épousa Jeanne Audran, fille de Nicolas Audran, imprimeur à Vannes dès avant 1660 (4), et mourut le 1<sup>er</sup> septembre 1718. Il laissait deux fils, Nicolas et Jean-Nicolas.

---

(1) *Edit du Roy, contre les Duels, publié en Parlement......* A Vennes, chez Moricet et la veuve Vatar, imprimeurs du Roy et de la Cour, 1680.
*Ordonnance de Louis XIV, sur la Marine en Bretagne.* — Vannes, Julien Moricet, 1685. In-4.

(2) *La Vie de Missire Charles de Gouandour, recteur d'Inzinzac, diocèse de Vannes.* A Vennes, chez Guillaume Le Sieur, imprimeur et libraire, proche la maison de Retraite, 1693. In-16 de 144 pages. — L'auteur de cette petite hagiographie se nommait Vincent de Saint-Germain-Robin, et était prêtre. — Omis dans la *Biographie bretonne.*

(3) Le titre porte l'indication suivante : *Vannes*, Jacques de Heuqueville, imprimeur de l'Evêque.... proche Saint-Pierre, vis-à-vis la porte du Palais, à l'enseigne de *la Trinité*, 1695.

(4) A l'article de Rennes, *Catalogue des Imprimeurs*, il a déjà été question de Nicolas Audran ; nous ajouterons ici que :
Ce fut sur les conseils du premier président Louis de Pontchartrain que cet

1719-60. — Ces deux frères étaient en très-bas âge à la mort de leur père. Nicolas n'avait pas atteint onze ans, et Jean-Nicolas n'en avait que six. Néanmoins, le Roi daigna leur conserver leur état, en conférant le titre d'imprimeur à Nicolas, malgré son jeune âge, par ordonnance du 23 mars 1719. Il est énoncé au préambule de ladite ordonnance que cet enfant était fils, petit-fils et arrière-petit-fils de maîtres imprimeurs de la ville de Vannes. Le sieur Vincent Galles, son oncle, fut nommé par la même ordonnance pour conduire l'imprimerie jusqu'à la majorité de son neveu Nicolas.

Nicolas Galles, né le 30 novembre 1707, épousa, le 17 août 1734, Perrine Le Sieur, fille de Guillaume Le Sieur, imprimeur à Vannes, et de Jeanne Le Couriault. Il eut un fils, né en 1737, et mourut le 2 juin 1780.

1758-75. — Par ordonnance du 31 mars 1739, le Roi réduisit à une seule les deux imprimeries qui existaient dans la ville de Vannes.

Néanmoins, dérogeant aux dispositions de cette ordonnance, il donna, le 20 avril 1758, des provisions d'imprimeur (1) à Jean-Nicolas Galles, frère de Nicolas. Celui-ci, en 1760, lui céda son fonds d'imprimerie et de librairie, son fils Jean-Marie ne se destinant pas à une profession industrielle.

Jean-Nicolas Galles, né à Vannes le 7 mai 1713, épousa, le 23 janvier 1748, Jacquette-Françoise Bertain, dont il eut deux enfants, Jean-Baptiste-Marc-Joseph et Perrine-Nicole. Il mourut le 25 janvier 1763. Sa veuve conduisit et géra l'imprimerie

---

imprimeur se décida à transporter son établissement de Vannes à Rennes, où le Parlement fut rappelé en 1689. — Nicolas Audran, pendant le séjour du Parlement à Vannes, avait su se gagner l'amitié de M. de Pontchartrain, nommé premier président en 1677. Ce magistrat lui accordait une considération particulière et un accès bienveillant à ses conversations familières.

(1) La protection de l'évêque fut puissante pour faire accorder ce nouveau brevet à Jean-Nicolas Galles. — Nous lisons ce qui suit dans une lettre du prélat, adressée à l'Intendant, en date du 12 novembre 1757 : « ........ Je » joins icy, monsieur, un mémoire, en faveur de quelqu'un qui a du talent et » des connaissances pour son art, fort-audessus de ce que nous pouvons » espérer dans cette ville ; il est honneste homme et digne de vos bontés ; je » vous les demande, pour luy, monsieur, dans une affaire, qui le fixe au seul » état auquel il s'est destiné, et dans lequel il peut servir, très- » utilement...................... » † Charles-Jean, év. de Vannes. »

Quelques jours auparavant, le subdélégué de Vannes, Nouvel de Glavignac, avait adressé à l'Intendant une lettre non moins favorable (2 novembre 1757).

pendant que son fils apprenait son état, d'abord à Lyon, chez M. Bruysset, puis à Paris, chez le célèbre Barbou.

1775-1801.—Jean-Baptiste-Marc-Joseph Galles, né à Vannes le 18 novembre 1749, fut pourvu, le 29 mai 1775, de la seule place d'imprimeur qui existât alors à Vannes, en conformité de l'édit de 1739. En 1787, il épousa Adélaïde-Marie-Renée Jollivet, morte en mars 1798 ; lui-même décéda le 24 novembre 1801, laissant six enfants, tous en état de minorité.

L'imprimerie et la librairie furent conservées aux six enfants Galles, par les soins et sous la surveillance de maître René-Marie Jollivet, avocat et notaire impérial, leur tuteur et oncle maternel, sous la raison de commerce : *Enfants Galles*. Cet état de choses dura jusqu'à ce que, vers 1812, par arrangement entre Jean-Marie Galles, l'aîné des garçons, et ses frères et sœurs, il conserva seul le titre d'imprimeur.

1812. — M. Jean-Marie Galles, descendant et successeur de tous les imprimeurs de ce nom, dont nous avons précédemment parlé, exerce encore aujourd'hui l'imprimerie et la librairie en la ville de Vannes, en vertu de brevet du 4 juillet 1814, renouvelé le 8 août 1816, et d'un autre brevet du 26 mai 1820 (1). — *Essai sur les antiquités du département du Morbihan*, par J. Mahé, chanoine de Vannes, 1824. In-8°, 1 vol. — *Inauguration du monument de Quibéron*, 1829. In-8°.

*Nota.* — Il existe encore à Vannes une autre imprimerie, qui n'est pas antérieure à 1789, et sur laquelle d'ailleurs il ne nous est revenu aucun renseignement précis.

## XII.

### DINAN.

La *Biographie Bretonne* signale deux traités de Boisgelin de la Toise, comme ayant été imprimés à Dinan, l'un en 1594, l'autre en 1597. Malheureusement, on a omis de donner le nom de l'imprimeur qui a dû éditer ces deux ouvrages ; d'où il faut inférer que l'auteur de l'article n'avait pas vu le volume dont il parle.

On ignore également le nom de l'imprimeur chez qui parut

---

(1) J.-Marie Galles, fils de J.-B.-Marc-Joseph, né à Vannes le 26 décembre 1789. De son mariage avec demoiselle Louise-Marie-Augustine Saint, sont nés six enfants, dont l'aîné, Louis-Marie, né le 16 juillet 1827, doit lui succéder.

un petit in-8°, imprimé à Dinan en 1648. Cependant, il est permis de supposer que ce pouvait être un sieur Lepeigneux, qui exerçait encore en 1673, et qu'on ne retrouve plus depuis cette année.

1685-1731. — Jacques Aubin, autorisé à s'établir sur une permission verbale de Mgr Louis de Pontchartrain, premier président du Parlement de Bretagne; du comte de La Garaye, gouverneur de Dinan.

1725-69. — Sébastien Leminoux, marié avec une veuve Huart, imprimeur, exerça par suite du privilége de sa femme. En 1764, il n'était plus que libraire.

1739-88. — Jean-Baptiste-Robert Huart, né à Dinan, reçu imprimeur en cette ville, par arrêt du Conseil du 24 septembre 1739, mort en 1787.

1788-1830. — Jean-Baptiste-Toussaint-Robert Huart, fils du précédent, né à Dinan, mort le 22 décembre 1843.

1830. — Jean-Baptiste Huart, sur lequel nous ne possédons aucun renseignement, né le 8 octobre 1797.

Contrairement à l'édit du 12 mai 1759, il existe deux imprimeurs à Dinan. Autrefois, un seul avait peine à vivoter. Il paraît qu'aujourd'hui les deux se tirent d'affaire. Mais aucun d'eux n'a daigné nous donner signe de vie.

## XIII.

### SAINT-BRIEUC.

Suivant l'opinion de l'abbé Ruffelet, c'est en 1620 que l'imprimerie fut établie à Saint-Brieuc (1). Pour cet effet, l'évêque,

---

(1) Cette opinion du savant auteur des *Annales briochines* a été textuellement reproduite par M. le président Habasque (*Notions historiques*, t. II, p. 229), et M. Gulmar (*Histoire des évêques de Saint-Brieuc*). Néanmoins, nous devons faire observer que M. Louis Prudhomme, de Saint-Brieuc, veut bien nous signaler un *Petit Catéchisme familier*, qui est entre ses mains, lequel catéchisme porte :

A Saint-Brieuc,<br>
par Guillaume Doublet,<br>
Imprimeur et libraire.

Il n'y a pas de date au frontispice de ce livre, mais au revers une approbation des docteurs, datée de Paris le 2 juin 1600.

Ce n'est pas tout, nous avons des preuves bien certaines de l'existence d'un recueil de *Statuts synodaux, pour Saint-Brieuc*, par M. Melchior de Marconnay, 1606, in-8°. Le lieu de l'impression n'est pas connu, mais on peut, sans trop de présomption, penser que c'est Saint-Brieuc ; et ainsi il faudrait reculer jusqu'au commencement du XVIIe siècle l'installation de la typographie à Saint-Brieuc-des-Vaux, selon l'antique appellation.

Mᵍʳ André Le Porc de la Porte, le chapitre de la cathédrale et la communauté de ville, accordèrent une somme de deux cents francs chacun à Guillaume Doublet, imprimeur à Caen, pour qu'il transportât à Saint-Brieuc le matériel de son imprimerie. Cette imprimerie, qui dut être pour les Briochins un sujet de grande curiosité, s'installa dans la rue de la Clouterie, au premier étage d'une maison où il existait une taverne en 1830, et dans le principe elle ne fut que très-peu importante (1).

L'établissement de Guillaume Doublet fut successivement dirigé par son fils, ses petits-fils et arrière-petits-fils ; savoir : Baptiste Doublet ; Jacques, Jacquette et Guillaume ; Jean-Baptiste, fils de Guillaume.

Jusqu'en 1730, il n'y eut point de maîtrise à Saint-Brieuc, et les descendants de Guillaume Doublet exercèrent l'imprimerie en commun. Mais, à cette époque, Jean-Baptiste Doublet, après avoir travaillé à Nancy, Rouen et Paris, obtint un arrêt du Conseil et se fit recevoir devant les juges royaux de Saint-Brieuc, afin de se procurer une sûreté contre son cousin, Pierre Doublet, aussi imprimeur à Saint-Brieuc, et qui, outré de ce procédé, lui intenta diverses chicanes, qui ne paraissent pas avoir eu un grand résultat fâcheux pour Jean-Baptiste, qui exerça jusqu'en 1751 comme imprimeur de l'évêché, du chapitre et de la communauté de ville, les seuls endroits qui pussent fournir de l'occupation à un imprimeur.

Quant à Pierre Doublet, nous n'en retrouvons plus de trace, à partir de cette époque (2).

Après le décès de Jean-Baptiste Doublet, l'imprimerie briochine passa dans une autre famille, faute de représentant mâle dans la famille Doublet.

Un arrêt du Conseil, du 20 décembre 1751, nomma Jean-Louis Mahé à la place d'imprimeur réservée à Saint-Brieuc.

C'est des presses de Mahé que sortirent, en 1771, les *Annales briochines*, de l'abbé Ruffelet, chanoine de Saint-Brieuc; et, en 1776, les *Institutions convenancières*, de l'avocat Beaudoin de

----

(1) En 1624, il parut un recueil de *Statuts synodaux*, publié par M. Le porc, et imprimé à Saint-Brieuc, par Guillaume et Pierre Doublet, imprimeurs et libraires M.DC.XXIII.

Il paraît que Guillaume Doublet s'était associé un sien frère ou quelque proche parent.

(2) Lettre du subdélégué de Saint-Brieuc, Duhautcilly, 18 mars 1730.

Maison-Blanche. « Mais les longues pages d'*errata* qui se trouvent à la fin de ces volumes (surtout du premier) font voir que l'impression n'en était pas bien surveillée.... » Ainsi s'exprime M. Habasque, sans entrer dans de plus longs détails. Aussi est-ce un devoir pour nous de compléter la pensée du magistrat, d'autant plus que ce sera en outre une occasion de justifier la mémoire de Mahé, en faisant connaître dans leur étendue des circonstances dont le président briochin n'a donné que le résultat.

Jean-Louis Mahé, né en 1721, probablement à Saint-Brieuc, s'était marié peu après sa nomination comme imprimeur. De son union, plusieurs enfants lui étaient nés; mais un seul lui restait, qui, en 1768, faisait ses études au collège de Saint-Brieuc, fondé en 1609. Après lui avoir fait terminer ses humanités, Mahé initia son fils aux détails de son industrie, puis, suivant la coutume de ce temps, l'envoya se perfectionner auprès des premiers maîtres, non sans lui avoir prodigué, ainsi que sa bonne épouse, ces sages recommandations, ces conseils paternels qu'un père ne manque jamais de faire à son fils quand il s'éloigne de lui. — Ce pauvre père, il espérait en son fils, il le voyait déjà, revenu auprès de lui, prendre la direction de son imprimerie et servir de bâton à sa vieillesse. O illusions paternelles, que vous êtes enivrantes; mais comme vous êtes quelquefois cruellement déçues dans les objets de vos espérances les plus légitimes!...... Entré dans le monde à l'âge de 18 ans, dans ce monde dont il ne connaissait pas les dangers, loin des yeux de sa tendre et pieuse mère, le jeune Mahé perdit de vue les avis que ses parents ne lui avaient pas ménagés avant de le laisser partir, et en suivit d'autres dont la pratique allait mieux à sa jeunesse, cet âge des fiévreuses et imprévoyantes émotions. Il approcha ses lèvres brûlantes de la coupe empoisonnée de la volupté, et ce fut la cause première de tous les maux qui suivirent, anéantirent pour jamais les espérances de son père et précipitèrent au tombeau son inconsolable mère (1).

A peine parvenu à sa vingtième année, à cet âge où tout sourit dans la vie, à l'heure où il aurait dû succéder à son vieux père et le relever des fatigues de sa profession, le fils de Jean Mahé se mourait. Et qui pourra dire ce qu'il en coûte de mourir ainsi à l'âge de vingt-cinq ans, quand à peine on a eu le temps, infortuné convive, de s'asseoir un instant au banquet de la vie?...

(1) Lettres du subdélégué de Saint-Brieuc, Quérangal de la Hautière. — *Registre de la Chambre syndicale de Rennes*, folio 16.

Il se mourait, ce jeune Mahé, à la suite « d'excès de jeunesse (1), » de ces excès dévorants qui tarissent dans sa source le vin généreux de la jeunesse, anéantissent en elle la sève de l'existence, et la font languissamment s'éteindre dans le désespoir et les angoisses, et bien avant le temps....

Comme si ce n'était pas assez pour Louis Mahé de voir son épouse prématurément mourir et son fils descendre au tombeau à la fleur de ses jours, cet homme voyait fondre sur lui un malheur nouveau, et qui, comme bien on le pense, n'était pas de nature à faire fleurir son établissement. Louis Mahé était atteint d'une paralysie qui lui ôtait l'usage de ses membres et le clouait pour sa vie sur un lit de tribulations et de douleurs. Heureusement, le Ciel qui lui avait envoyé tant d'afflictions lui avait également ménagé un homme qui devait adoucir ses dernières années et lui venir en aide à l'heure de sa plus cruelle affliction (2).

1778-1811. — Louis-Jean Prud'homme, né à Saint-Brieuc le 14 mars 1745, descendait, par sa mère, des premiers imprimeurs de cette ville. Son père, René Prud'homme (3), étant mort en 1763, après avoir honorablement exercé la librairie pendant cinquante ans, son fils Louis lui succéda dans sa profession (4). Mais en même temps il s'associait aux labeurs de l'imprimerie de Jean Mahé, comme si quelque indice mystérieux lui eût annoncé qu'un jour venant il lui succéderait et continuerait la noble profession que ses aïeux avaient honorablement exercée. Plus tard, quand les malheurs furent venus fondre sur l'infortuné Mahé, Louis Prud'homme prit lui-même la direction de l'imprimerie, et par acte du 22 juillet 1776, Jean Mahé consentit à ce que « ledit Prud'homme, moyennant une pension » qu'il lui ferait......, exerçât, en son propre nom et à son » profit personnel......, sous son inspection. » En prêtant la main à cet accord, Prud'homme assurait à Mahé un secours et une assistance, qui sans cela lui auraient manqué.

Enfin, après un examen passé d'une manière très-satisfaisante, par devant la chambre syndicale de Nantes, les 19-20 octobre

---

(1) M. Habasque. — *Notions historiques*, p. 230.

(2) *Registre de la Chambre syndicale de Rennes.*

(3) René Prud'homme, né en 1694, s'établit à Saint-Brieuc, comme libraire, à l'âge de 20 ans. Il épousa, en 1736, Yvonne Doublet, fille de Jacques Doublet.

(4) Lettre du subdélégué de Saint-Brieuc, Quérangal de la Hautière.

1778, il intervint un arrêt du Conseil privé du roi, en date du 30 novembre de cette même année, par lequel Louis-Jean Prud'homme était nommé imprimeur et libraire à la résidence de Saint-Brieuc (1).

Avec ce nouvel imprimeur, l'industrie typographique prit, à Saint-Brieuc, un développement qu'elle n'avait pas connu jusqu'alors, et qui continua à augmenter jusqu'en 1793. A cette date, les presses de M. Prud'homme lui furent enlevées et transportées à Brest pour le service de la marine. Elles ne lui furent rendues qu'en l'an V, qu'il fut nommé au Conseil des Cinq-Cents (2). A son retour à Saint-Brieuc, l'ancien député devint successivement membre du tribunal de commerce et des diverses autres administrations de cette ville.

Ce n'est pas ici le lieu de raconter, en détail, la vie si longue et si remplie de cet homme au beau caractère, qui, dans les temps les plus difficiles, commanda l'estime de ses persécuteurs eux-mêmes. Retiré du commerce en 1811, il trouvait les journées trop courtes pour les études sérieuses auxquelles il se livrait. A l'âge de 75 ans, alors qu'il avait bien droit à goûter quelque repos, il accepta, ou plutôt il se laissa imposer, après une vive résistance, toutefois, les fonctions de maire de Saint-Brieuc. Mais il ne les exerça pas longtemps, car il n'admettait pas qu'un maire fut l'aveugle instrument des fantaisies d'un ministre.

Parvenu aux extrêmes limites de la vie et riche de bonnes actions accomplies dans le secret de la vie privée, Louis-Jean Prud'homme mourut à Saint-Brieuc le 22 mars 1832, à l'âge de plus de 87 ans.

1811-33. — Louis-Mathieu Prud'homme, fils du précédent, né le 28 février 1769, succède à son père, d'abord en société avec l'un de ses frères, puis comme seul propriétaire. — Mort le 24 octobre 1853.

1833. — Aujourd'hui et depuis le 1er octobre 1833, la maison Prud'homme est représentée par M. Louis-Julien Prud'homme, né le 7 août 1803.

Aux détails que nous venons de donner sur l'imprimerie Prud'homme, nous allons en ajouter quelques autres qui compléteront l'histoire de cette industrie à Saint-Brieuc.

En 1790, l'établissement du chef-lieu départemental à Saint-

(1) *Registre de la Chambre syndicale de Rennes*, folio 17. Recto et verso.
(2) M. Habasque. *Notions historiques*, page 231.

Brienc y amena la création d'une seconde imprimerie par
M. J.-M. Beauchemin. « Mais, comme elle ne fut pas encore
» suffisante pour faire tous les travaux, MM. Mareschal et Bourel
» en levèrent une troisième à Lamballe, en 1793. Elle alla bien
» pendant quelque temps, mais les districts ayant été supprimés,
» M. Bourel, devenu seul propriétaire de cette usine, vint se
» fixer à Saint-Brieuc, où il avait l'espoir de l'alimenter plus
» facilement. Son attente ne fut pas déçue, et son entreprise
» avait acquis une certaine importance, lorsque les événements
» de 1814 et, plus tard, la seconde restauration, le mirent en
» quelque sorte dans la nécessité de vendre son imprimerie, ce
» qui eut lieu dans les premiers jours de 1816.

» Quant à M. Beauchemin, continue l'auteur que nous avons
» déjà cité (1), son établissement périt entre les mains de son fils,
» par des motifs que nous croyons devoir passer sous silence. »

Aujourd'hui, outre l'imprimerie Prud'homme, il en existe
trois autres à Saint-Brieuc. Toutes trois ont été créées depuis 1820 ;
il n'y a donc rien à en dire, d'autant plus que nous n'avons
pu obtenir aucun renseignement positif à leur sujet.

## XIV.

### QUIMPER-CORENTIN.

La bibliothèque carme mentionne un volume d'histoire édité
à Quimper, en 1635. Elle ne dit pas par quel imprimeur ; mais
il y a de fortes présomptions de croire que c'était chez Michel
Machuel, qui exerçait encore en 1642, et qui est le plus ancien
imprimeur de Quimper que nous ayons rencontré dans nos laborieuses pérégrinations.

Jean Hardouyn (père du célèbre jésuite de ce nom) était en
1646 établi à Quimper ; mais il n'est pas prouvé qu'il n'y était
pas déjà fixé en 1635.

Le *Nouveau Moreri* fait du père d'Hardouin un fort petit
libraire, cadet de Normandie, dont l'occupation à Quimper était
de tenir une espèce de commerce de livrets, catéchismes, cantiques et papier (2). Cependant, on voit qu'il avait imprimé,
et fort joliment imprimé plusieurs ouvrages du missionnaire

---

(1) M. Habasque, *Notions historiques*, p. 233.

(2) Cette assertion, bien qu'erronée, n'en a pas moins été reproduite par la
*Biographie universelle* et par la *Biographie bretonne*.

Julien Maunoir, et le *Poëme sur l'Ecclésiaste*, du père de Cler-
mont. In-4° de 174 p. (1).

1667-1716. — Guillaume Leblank.

1679. — Romain Malassis, qui plus tard exerça à Brest.

1696. — Gauthier-Buitingh, imprimeur de l'Evêque et du
Collége.

1692-1732. — Jean Perier du Camoins, né à Quimper, main-
tenu par arrêt du 24 octobre 1716, contre Guillaume Le Blanc,
père et fils. Mort le 4 novembre 1732.

1732-72. — Simon-Marie Perier, fils du précédent, reçu par
arrêt du 31 août 1733.

1772-80. — Marin Blot, gendre du précédent, reçu par arrêt du 20 août 1772.

1780-1812. — Jean-Louis Derrien, né à Brest, ayant épousé
la veuve de Marin Blot, est reçu imprimeur en 1780.

1815. — S. Blot.

1840. — E. Blot.

Il existe aujourd'hui deux imprimeurs à Quimper, bien que
l'édit de 1759 n'en accordât qu'un. Mais nous n'avons aucun
renseignement à leur sujet.

## XV.

### DOL. — VITRÉ. — REDON.

#### SITUATION FINANCIÈRE DES IMPRIMEURS EN BRETAGNE.

Suivant une tradition administrative, référée dans une lettre
du subdélégué Desrieux de la Turrie (1764), la petite ville de
Dol avait une imprimerie depuis un temps immémorial. Cependant, nous n'avons pu retrouver quelques noms que depuis le
commencement du XVII⁰ siècle. Guillaume Grout était imprimeur
et libraire en 1651. Après lui, on rencontre trois autres imprimeurs du nom de Mesnier, dont les deux derniers surnommés
Pierre et Julien.

Le dernier représentant de l'imprimerie à Dol fut Arnauld Caperan, né à Toulouse, paroisse Saint-Etienne, vers 1725, et qui
vint s'établir à Dol, dans les circonstances que nous allons dire.

Dans les dernières années de la vie de Julien Mesnier, Caperan,

---

(1) Jean Hardouin, né le 23 décembre 1646, était fils de Jean Hardouin et
d'Yvonne Fagorin. Il eut pour parrain Jean Terrestre et pour marraine Mⁱⁱᵉ
Lise Lenormand.

faisant son tour de compagnon, vint aborder à Dol, et y fut admis comme garçon imprimeur chez Mesnier. Sur ces entrefaites, Julien Mesnier vint à décéder, laissant trois enfants de son mariage avec demoiselle Thomase Gautier de Saint-Solemne.

Croyant les circonstances favorables, Caperan épousa la veuve de son ancien maître et commença à gérer l'établissement, vers 1750. L'arrêt du 12 mai 1759 supprima bien l'imprimerie de Dol, ainsi que celles de Morlaix, Redon, Saint-Pol-de-Léon, Tréguier et Vitré; mais il fut permis aux titulaires de ces imprimeries de continuer à exercer jusqu'à la fin de leur vie, en prêtant serment entre les mains du lieutenant-général de police, ce que fit Caperan, le 7 juin de cette même année.

« La réputation du libraire (de Caperan) n'est pas mauvaise, écrivait en 1764 M. Desrieux; il n'a jamais été soupçonné de vendre des livres prohibés. Quant à ses facultés, elles ne peuvent être que très-bornées, n'ayant aucun bien fonds; les profits de son état ne suffisent qu'à peine pour fournir la subsistance et l'entretien les plus médiocres à sa femme, presque toujours malade, et à *neuf enfants*, dont le plus grand n'est encore capable d'aucun travail.

» Il imprime des heures appellées *asnières* (sic), heures conciles, couronnes de Vierge, catéchismes, livres de cantiques et autres petits livres de piété; ceux nécessaires pour les écoliers du collège de la ville, les Mandements et Ordonnances de M. l'évêque, les thèses de philosophie et de théologie, et autres ouvrages pour le service du diocèse, du séminaire et du collège. »

L'imprimerie, avons-nous dit, n'a que peu de représentants à Dol; les monuments de l'art sont également peu nombreux. Sauf, en effet, quelques factums et mandements que nous avons parcourus et dont nous possédons quelques-uns, nous ne connaissons d'ouvrages imprimés à Dol que le *Lectionarium Dolense*, ou propre du diocèse de Dol, édité en 1769-70 (1).

Quel est l'auteur de ce propre? L'abbé Tresvaux (*Vies des Saints de Bretagne*) et, après lui, M. P. Levot (*Biog. Bret.*)

(1) Cependant, il faut encore citer un mémoire, jusqu'ici inconnu, de l'avocat Valentin-Jean Renoul de Baschamps (l'auteur de la *Cancallade*). Cedit mémoire ayant pour titre : *Mémoire pour noble homme Jh-Bonaventure Bouaissier, sieur de Bernouis.......... contre M. François-Anne Aumont, mari de D^lle Françoise Bouaissier..........* A Dol de l'imprimerie d'Arnauld Caperan, imprimeur du roi et de la ville — 1766, in-16 de 96 pages, — et un recueil de *Statuts synodaux*, publié par M. de Hercé. — Dol, Arnauld Caperan, 1771, in-12 de 94 pages.

nous répondent que c'est le chanoine Gilles Deric. Mais sur quoi se fondent ces messieurs et surtout M. Tresvaux, qui le premier a avancé cette assertion qu'on ne trouve nulle part avant lui ? Quant à nous, impossible de partager ce sentiment jusqu'à plus ample information. D'ailleurs, dans une affaire de cette importance, il est toujours nécessaire d'indiquer ses preuves. Ce n'est pas que nous prétendions que l'eric ne fut pas capable de rédiger un tel livre, mais, nous le répetons, c'est parce qu'on ne nous donne aucune preuve de la vérité de cette assertion.

Quoi qu'il en soit, du reste, de l'auteur du propre, que c'ait été Deric, l'abbé de La Biochaye, ou tout autre, on saura qu'il fut imprimé chez Arnauld Caperan et que l'impression dura deux ans, ce qui ne nous donne pas une haute idée de la rapidité des presses de l'imprimerie Caperan (1).

Quand nous avons parlé des *presses* de Caperan, nous avons commis une petite exagération, car le typographe dolois n'en avait *qu'une seulement*, et pour l'ordinaire, un seul compagnon. Quant à la vente des livres, elle était si minime qu'on ne pouvait pas dire qu'il en fit commerce ; et pour comble de calamité, les ecclésiastiques, officiers de justice ou autres qui voulaient des livres, les faisaient venir de Paris ou de Rennes.

Au surplus, ce serait se tromper que de croire que la situation souffreteuse et précaire que nous venons d'esquisser fut particulière à l'imprimeur de Dol, car c'était bien absolument la même chose à Morlaix, à Vitré, à Redon et à Tréguier, où l'imprimeur ne fait « *que piller misère,* » écrit le subdélégué Keruzeau-Robin (mars 1730).

« Icy, ville de commerce, sans collége, » la librairie est « un » état *très-gueux*, écrivait, à son tour, le subdélégué de Morlaix, » Guillottou de Kerdu (3 décembre 1764). Deux à trois qui » s'y étoint (*sic*) établis ayant quitté, faute d'y pouvoir vivre.»

« Il n'y a, dans toute la subdélégation de Vitré, écrit » M. Charil (23 novembre 1758), *qu'un espèce d'imprimeur-* » *relieur de livres*, nommé François Morin, fils de René Morin, » aussy imprimeur de la même façon ; ce fils est un vieux gar- » çon, non marié, *pauvre, et c'est de race* (2). Il n'imprime

(1) Le propre de Dol forme deux volumes in-12. Après le titre de chaque volume, on trouve un mandement latin du prélat Urb. de Hercé, daté du château des Ormes (*Castello ab Ulmis*). Ce mandement est plein d'intérêt pour celui qui conserverait encore un souvenir pour l'ancien diocèse de Dol.

(2) François Morin était bourgeois de Vitré, sans doute, car jadis pour être honoré du titre de bourgeois de la gothique cité de Vitré, *il fallait faire*

» que des Almanachs, des A B C, des heures pour apprendre
» à lire, des Couronnes de la Vierge et quelques billets pour
» l'usage de la communauté de Vitré et du public....., il n'a
» point de titres...... »

L'imprimerie de Redon, écrit à l'intendant le subdélégué Pri-
maignier (30 novembre 17... « ne doit son existence qu'aux
» bontés de Votre Grandeur et au pain qu'elle fournit à gens
» qui, chargés d'enfants, n'ont d'autre métier que celui d'im-
» primeur pour se subvenir... L'imprimeur aujourd'hui à la teste
» de cette imprimerie se nomme Joachin Guémené, il a une jeune
» femme, quatre petits enfants, non compris celui qu'elle porte
» et une vieille tante, veuve du précédent imprimeur (1). Il
» n'imprime que des A B C, des catéchismes du diocèse, des
» Almanachs...... »

De la citation précédente, il ressort que l'imprimerie de Redon
n'était presque rien. Du reste, ces typographes, que les correspondances officielles nous représentent comme si pauvres en
écus, étaient suffisamment pourvus de petite famille; cette rosée
d'en haut que le ciel refuse parfois aux riches et aux potentats
du siècle, mais qui rarement fait défaut au prolétaire, chez qui
se conservent mieux que partout ailleurs les saines traditions
conjugales et les joies calmes et pures du foyer domestique.

À cette occasion, nous ferons quelques remarques tout à l'honneur des anciens imprimeurs bretons : c'est que l'esprit de
famille s'était admirablement conservé chez eux. Ils ne considé-
raient pas les doux liens du mariage comme une vaine et banale
formalité, bien au contraire, ils en remplissaient les obligations
avec une patriotique exactitude; les nombreuses familles de
quelques-uns d'entre eux rappelaient celles des anciens patriar-
ches, et on pouvait leur appliquer ces suaves paroles du psal-
miste roi : *Uxor tua sicut vitis abundans in lateribus domus tuæ,*
et encore celles-ci : *Filii tui, sicut novellæ olivarum, in circuitu
mensæ tuæ.*

Nicolas Audran, premier du nom, eut *vingt-cinq enfants,* et

---

preuve de *dix-sept générations de mendiants...* Cette noblesse excentri-
que ne devait pas être très-facile à obtenir.

René Morin, père de François, établi à Vitré vers 1710, résidait *rue de la
Poterie,* comme on le lit sur le titre d'un bouquin imprimé chez lui, avec
des caractères et un papier qui sont affreux, et justifient les querelles d'alle-
mand que la communauté de Rennes lui suscita pendant près de vingt ans.

(1) 1712. — Pierre Garlavois, successeur de son père, mort en 1725. —
1763-89. — Joachin-Anne Guémené, de Brains, près Redon.

avant que la mort lui fermât les yeux, il avait vu naître *soixante-quinze* de ses petits-enfants, ce qui rappelle ces vers du poëte de Mantoue :

Quinquagenta thalami, spes tanta nepotum.....

Nicolas Audran, second du nom, eut dix enfants ; Gilles Vatar quatorze ; Joseph-Mathurin Vatar dix, Arnauld Caperan dix, etc.

Les chiffres que nous donnons ici sont de la plus rigoureuse authenticité : ils nous sont fournis par la correspondance des sub-délégués, adressée à l'intendance de Bretagne. Parmi ces correspondances, nous avons surtout lu, non sans un certain intérêt, celle du subdélégué de Dinan, Besné de la Hauteville.

Ce subdélégué facétieux entre d'abord dans quelques détails assez étrangers à notre sujet, puis il ajoute cette remarque : « L'imprimeur a cinq enfants, dont quatre filles, un petit gar- » çon à la nourrice ; la mère, dans une heureuse position, pa- » raît favoriser la population et peut encore donner plus de six » enfants à l'État, auquel elle en a donné déjà onze.... »

Plus loin, il parle du libraire : « Le libraire est plus que sep- » tuagénaire, podagre, languissant, a trois enfants et une jeune » femme qui réduirait bien à l'acte les velléités de son mari.... » Le mari n'a d'autre fortune que ses infirmités ; il puise le mo- » tif de sa consolation dans les gentillesses de son épouse et de » sa petite fille...... » Pour un sénéchal du XVIII⁰ siècle, ce n'est pas trop mal représenter un intérieur de famille.

La réputation des imprimeurs est donnée comme généralement bonne : on en cite un, Pierre Durand (de Lorient), lequel se saou-lait aucunes fois d'une façon immodérée. Mais, à part ce défaut de modération, on pardonnait volontiers au Lorientais de se gri-ser de temps à autre.

Nous avons parlé déjà de la misère des imprimeurs des petites villes. Dans les villes plus importantes, comme Rennes, Nantes, Vannes, Saint-Brieuc, Quimper, leurs facultés étaient plus aisées ; mais de scandaleuses fortunes, ils n'en faisaient point. Du reste, le cumul des professions leur était interdit, et il ne se voyait point d'imprimeur faisant en même temps la finance, l'épicerie ou la pharmacopée, et menant de front trois ou quatre négoces étran-gers à sa profession. C'est là un dernier moyen qui, il faut en convenir, permet à certains particuliers, que tout le monde nom-mera, de faire d'ambitieuses fortunes qui les bouffissent de va-nité et d'orgueil. — *Plus le diable a, plus il veut avoir,* — dit la sagesse populaire, et elle a bien raison.

Revenons à Caperan. — Sur la fin de ses jours, notre pauvre

compatriote en vint à ce point qu'il ne pouvait plus imprimer d'almanachs, « ni même en achepter avec les autres imprimeurs. » Pour aider à le faire subsister lui et sa nombreuse famille, le chapitre de la cathédrale, ému de commisération, le nomma son « *porte-masse*, » ce qui fait qu'on retrouve des documents locaux, où Caperan s'intitule pompeusement « *Maître de cérémonies de* » *la Cathédrale.* »

C'était au bas de la Grand'Rue, auprès de la Cour-aux-Charretiers, dans des barraques qui s'écroulèrent si lamentablement, il y a vingt ans, que demeurait Arnauld Caperan. C'est là qu'il finit sa besogneuse et pénible carrière : pauvre il avait vécu, pauvre il mourut; car, comme à bien d'autres, l'insolente et capricieuse fortune ne lui sourit jamais (1).

Aujourd'hui, il n'y a plus d'imprimeur à Dol.

---

(1) La plupart des enfants de Caperan moururent avant lui. L'un des aînés, Arnauld-Thomas, né le 6 avril 1754, fut ordonné prêtre peu avant la mort de son père. En 1783, il était curé de Sains, et, en 1789, vicaire à Baguer-Pican. Pour ce qui concerne ce savant abbé, mort en 1826, desservant du Tronchet, près Dol, nous renvoyons à la *Biographie Bretonne* (t. 1, p. 275), laquelle contient un article curieux rédigé par M. P. Levot. — Quant « *aux intéressants mémoires* » qu'on a si gratuitement attribués à M. Caperan, il est bien avéré qu'ils n'ont jamais existé que dans la cervelle de celui qui les lui attribue (*Panorama d'un Beau Pays*, t. II, p. 113).

C'est à cette source, bien féconde sans doute, mais qui présente peu de garantie, que le panoramiste a encore pu découvrir que les « *rimes* » de Dom Nicholas (*sic*) Delaunay, prieur du Mont-Dol en 1420, « *ne sont pas porvenues à la postérité.* » Et la preuve? dira-t-on. — C'est que j'ai sous la main, à l'instant où j'écris, un volume historique sur l'Avranchin, où la majorité de ces poésies sont imprimées.

Je voudrais borner là mes rectifications, mais je sollicite très-humblement la permission d'en faire une dernière. « En 1664, lit-on dans le *Panorama* (p. 451), *le prieur régulier*, Guillaume Ponchâteau, *tenta une réforme, mais il fut obligé de mettre sa démission......* » Je suis très-désolé de le dire, mais il y a ici autant d'erreurs historiques que de mots : Sébastien-Joseph du Cambout de Pont-Chasteau, abbé commandataire de la Vieuxville, établit bien réellement la réforme de Cîteaux dans son abbaye, et, pour mettre le sceau à cette bonne action, il résigna son bénéfice en faveur de Dom Guillaume Cherruel, abbé régulier, — dont nous avons déjà vengé la mémoire injurieusement flétrie, — et qui conserva la direction du monastère jusqu'en 1688. — Voilà la juste et exacte vérité, telle qu'elle se lit dans Dom Morice (*Histoire de Bretagne*, II; catalogues, etc.), livre bien connu, ce me semble.

Je supprime toutes mes autres rectifications, car je ne veux pas qu'on m'accuse de faire preuve d'hostilité quand je n'ai été guidé, dans ces rectifications, que par le respect dû à l'exactitude historique et à la vérité. — *Veritas et ante omnia veritas.........* (Cic.)

## XVI.

# BREST.

Au commencement du XVII<sup>e</sup> siècle, Brest, aujourd'hui le premier port maritime de la France, n'était encore qu'une petite bourgade dépendante de Lambezellec. C'est à Richelieu que cette ville doit sa haute fortune.

Vers 1681, un sieur Romain Malassis, reçu maître-imprimeur à Rouen, en 1669, vint s'établir à Brest, où l'on pouvait alors exercer toutes sortes de professions sans maîtrise. Un nommé Jean Camarec s'y établit aussi, et ils travaillaient tous deux concurremment. Malassis s'attacha cependant plus particulièrement à la marine et fit quatre campagnes sur mer, dont la dernière, en 1704, sous les ordres du comte de Toulouse. Lors du réglement du 21 juillet 1704, il y eut quelques discussions entre Malassis et Camarec; mais le chancelier Pontchartrain décida qu'en faveur de leurs établissements ils continueraient d'exercer l'imprimerie, mais qu'à l'avenir le réglement serait exécuté. — En 1735, Romain-Nicolas Malassis, second du nom, se pourvut au Conseil et obtint la seule place d'imprimeur fixée à Brest par le réglement de 1704.

Romain Malassis mourut, en 1758, d'une maladie épidémique qui régnait à Brest, et dans laquelle il s'était dévoué au service de ses concitoyens. Son fils, nommé aussi Romain-Nicolas, fut reçu en sa place, par arrêt du 30 avril de la même année, et exerçait encore en 1800 (an IX). Son fils et son successeur, Romain-Guy Malassis, dernier imprimeur de ce nom à Brest, mourut en cette ville, le 7 septembre 1812, à l'âge de 38 ans.

1794-1817. — Nicolas-Xavier Audran de Montenay. A l'article RENNES, nous avons déjà parlé de cet imprimeur. Nous ajouterons ici qu'ayant été dénoncé, sous la Terreur, pour avoir imprimé quelques brochures en faveur de la princesse de Lamballe, l'amie de la reine Marie-Antoinette, il fut enfermé à la Tour-le-Bât. Il ne dut d'en sortir sain et sauf qu'à la promesse qu'il fit au représentant du peuple, Jean-Bon Saint-André, de transporter à Brest le matériel de son imprimerie. C'est en cette ville qu'il continua d'exercer jusqu'à sa mort, qui arriva le 14 avril 1817 (1).

(1) C'est le dernier imprimeur du nom d'Audran. Toutefois, il existe encore à Rennes un représentant de cette antique famille, si illustre dans la gravure et l'imprimerie. C'est M. Nicolas-Jacques-Jean-Marie Audran de Montenay.

1800. — Gauchelet.

1807. — G.-M.-F. Michel. — *Notices chronologiques sur les écrivains bretons*, par M. Miorcec de Kerdanet, in-8°, 1818.

1811. — F.-M. Binard. — *Notice sur Brest*, par Dauvin.

1815. — P. Anner et fils.

1819. — Allain Lefournier et Pierre-Clair Desperriers, nés tous les deux à Agon, en Normandie. — Le premier fut reçu libraire en 1782.

1836. — Come et Bonetbeau. — *Le Finistère en 1836*, par Emile Souvestre, in-4° (1).

## XVII.

### SAINT-POL-DE-LÉON.

Il ne semble pas qu'il ait existé aucune imprimerie à Saint-Pol avant le commencement du XVIII° siècle, et ce qui nous porte à le croire, c'est qu'il se rencontre deux *Propres du diocèse de Léon* imprimés, l'un à Quimper, en 1660, l'autre à Morlaix, en 1705.

En 1708, Jean-Joseph Lesieur, né à Dinan et apprenti de Vannes, s'établit à Saint-Pol, sur la cession que lui fit M. de la

ancien officier de marine, né à Rennes le 19 août 1784, fils du précédent et de dame Eulalie Perras de Salleverte. Aujourd'hui, il vit retiré au milieu des nombreux monuments artistiques que ses aïeux lui ont légué, et qu'il a bien voulu nous laisser admirer avec une affabilité peu commune. C'est pour nous une douce satisfaction de consigner ici ce souvenir. — Un de ses fils est aujourd'hui lieutenant de vaisseau à Brest.

(1) A la page 202 de cet ouvrage, il est parlé du célèbre macrobite breton Jean Causeur, que M. de Kerdanet fait mourir le 10 juillet 1776, à l'âge de 137 ans. De son côté, M. Souvestre le fait vivre dès le temps de Michel Le Nobletz, et mourir en 1774, à environ 130 ans. — Cette dernière partie de l'opinion de M. Emile Souvestre est admise par M. P. Levot (*Biog. Bretonne*, p. 267), qui pense que Causeur naquit vers 1644 à Ploumoguer.

Il y a apparence cependant que Jean Causeur ne naquit qu'en 1662, car dans son acte de mariage, inscrit au registre de la paroisse de Ploumoguer, à la date du 19 octobre 1692, il s'y donne pour âgé d'environ trente ans; ainsi au 30 avril 1774, époque précise de sa mort, il n'aurait eu qu'environ 144 ou 115 ans.

Quant à ce qu'on « a débité, qu'il avait vu dom Michel Noblet, qu'il luy » avait servi la messe, et qu'il avait fait sa première communion sous ce mis- » sionnaire........ Toutes ces prétendues anecdotes sont autant de contes » bleus, » suivant l'expression d'un contemporain, qui nous a laissé un curieux récit de la vie de J. Causeur, dont nous ferons usage plus tard, et qui met à néant beaucoup des détails pittoresques qu'on a mis sur le compte du bonhomme.

Bourdonnaye du privilége qu'il avait obtenu pour son diocèse. Il exerça jusqu'en 1753.

Il eut pour successeur écuyer Jean-Pierre de Cremeur, « *de condition avantageuse,* » né à Rennes en 1712, et qui s'établit aussi en vertu du privilége de M. l'évêque de Léon. De Cremeur étant mort vers 1766, son imprimerie fut éteinte, conformément à l'article VI de l'édit du 12 mai 1759, et malgré les réclamations de sa veuve et de son fils, auxquels le chancelier Maupeou fit défense expresse de continuer (1768).

## XVIII.
## LORIENT.

La ville de Lorient, aujourd'hui si importante, et chef-lieu d'arrondissement, ne date en réalité que de 1717.

Dès 1720, un arrêt du conseil du 31 août avait autorisé Charles Lecornu, natif de Paris, à s'établir au Port-Louis. Après sa mort, sa veuve se retira à Tréguier, où elle convola en secondes noces avec Pierre Le Vieil, auquel elle transmit son privilége.

1728-41. — Pierre-Corentin Durand, établi à Lorient en 1728, mort en 1741. — Sa veuve lui succède jusqu'en 1752.

1752-76. — Jean-Baptiste-Pierre Durand, après avoir fait son apprentissage à Paris, par la protection de la Compagnie des Indes, fut reçu imprimeur à Lorient en 1752. Il se demit de son titre en 1776, en faveur de son gendre.

1776. — Louis-Claude-Roch Beaudouin, gendre de Durand, reçu par arrêt du 12 août 1776, sur la démission de son beau-père.

1788. — Veuve Beaudouin.

Les impressions à Lorient consistaient en travaux pour la Direction générale des Fermes, la Compagnie des Indes et la Maison-de-Ville.

1808-23. — Lecoat Saint-Haouen. — *Etrennes Lorientaises.* In-18.

1840. — Gousset.

————

Nota. — Les autres villes de Bretagne, qui possèdent aujourd'hui des imprimeries, ne les ont vu surgir que depuis 1790. Et même, sauf celles de Fougères et de Landerneau, qui existaient dès 1795, toutes les autres, telles que celles de Guingamp, Lannion, Loudéac, Quimperlé, Ploërmel et Montfort, sont postérieures à 1830.

## XIX.

### TRIBULATIONS DES IMPRIMEURS. — RÉPRIMANDES. — INTERDICTIONS. — DESTITUTIONS.

Dans le principe, l'imprimerie fut accueillie avec une faveur marquée. Pour preuve de sa gratitude, Louis XI accorda des lettres de naturalisation aux trois imprimeurs qui l'avaient apportée dans sa capitale. Le peuple leur fut d'abord moins propice ; il les regarda comme des *sorciers* et des hommes dangereux : les copistes, qui fourmillaient alors, et dont l'industrie était menacée de ruine, ne leur épargnèrent point les tracasseries, les insultes et même des procès devant le Parlement. Chose remarquable ! les princes de ce temps ne partagèrent nullement ces préjugés, car nous voyons le bon Louis XII accorder, à l'exemple de son prédécesseur, de grands priviléges aux imprimeurs-libraires.

D'abord, François Ier, dit *le Père des Lettres,* fut aussi favorable à l'imprimerie ; mais, sur une requête de la Sorbonne, en 1523, et les remontrances des Parlements, il la soumit à des règlements sévères et restrictifs. Depuis cette époque, les rois et les peuples ont changé de rôle vis-à-vis de cet art, dont les effets peuvent être magnifiques ou déplorables, selon l'impulsion qui les dirige. Les peuples trouvaient qu'on ne lui donnait jamais assez de droits et de liberté ; les rois, au contraire, qu'on ne pouvait le charger de trop d'entraves.

Henri II augmenta les premières restrictions de François Ier ; Charles IX promulgua des lois de plus en plus sévères (1).

Au temps des anciennes corporations, il y avait un point capital pour tous les métiers : c'était le monopole ou la conservation de chaque art dans la famille de l'artisan ; aussi les fils de maîtres y étaient-ils admis de préférence aux étrangers, avec dispense d'examen.

Dans chaque ville, il n'y avait qu'un nombre limité d'artisans de la même profession ; nul ne pouvait travailler d'un métier, s'il n'y avait été reçu maître avec les formalités voulues.

Cette limitation du nombre de maîtres se comprend mieux encore pour l'imprimerie, industrie relativement restreinte ; aussi

(1) Voir pour plus de détails notre *Dictionnaire des confréries et corporations d'arts et métiers*. Migne, au Petit-Montrouge, 1854. In-4°, p. 354-57, et aux Preuves, pages 1098 à 1119.
Registres secrets du Parlement de Bretagne.

les communautés ne manquaient-elles jamais de déployer la plus rigoureuse vigilance pour en empêcher l'augmentation. On peut même dire que la crainte de voir surgir des concurrents rendait quelquefois égoïstes les imprimeurs-libraires, et que les intérêts du commerce marchaient avant les sentiments de la famille.

Plus que tous autres, peut-être, les veuves s'insurgeaient avec véhémence contre tout nouvel établissement, ainsi que nous avons eu occasion de le faire remarquer à l'article de l'imprimeur Jean-François Robiquet.

C'est principalement pendant le XVIIIe siècle que nous avons des preuves frappantes de la surveillance rigoureuse exercée sur les imprimeurs et — puisqu'il faut le dire — des tracasseries souterraines qu'ils se suscitaient entre eux. — Nous donnons quelques exemples.

Chaque mois, l'intendant envoyait au garde-des-sceaux *un état de visite* de chaque imprimerie. Un jour donc, Maupeou remarque « que le sieur Caperan, à Dol, imprime *la Couronne » de la Vierge* sans aucune permission. Vous voudrez bien, » écrit-il à l'intendant Dupleix (août 1772), m'en faire passer » un exemplaire pour le faire censurer, luy défendre, en atten- » dant mes ordres, la distribution, et *luy enjoindre de ne pas » réitérer cette contravention.* »

Quelques semaines auparavant, Maupeou avait écrit, tou- jours à l'intendant, qu'il eût « à donner des ordres précis pour que les réglements soient mieux exécutés.... et qu'on imprime au- cuns ouvrages avant l'impétration des priviléges.... » Cette petite réprimande adressée à Mgr l'intendant venait de ce que le sieur Vatar, la veuve Maréchal, le sieur Querro, imprimeurs à Nantes; le sieur Huart, imprimeur à Dinan, avaient édité, avec une simple permission de la police locale, divers ouvrages qui avaient été « *toujours assujettis à des permissions du sceau.* »

En 1775, le chancelier Miromesnil fut averti que l'imprimeur Vatar fils, de Nantes, avait imprimé, sans permission, l'analyse d'un prône prêché par le sieur Tardiveau, recteur de Couëron, qui d'ailleurs s'était attiré de mauvaises affaires avec l'officialité de son diocèse. « Je vous prie, Monsieur, écrit à cette occasion » Miromesnil, de vouloir bien donner une forte réprimande au » sieur Vatar fils aîné, de ce qu'il s'est permis d'imprimer sans » permission, et luy dire que si cela luy arrive davantage il » sera interdit. »

Cette menace d'interdiction, toute terrible qu'elle était, était cependant quelquefois mise à exécution, comme on le voit, par

8

l'exemple de Pierre-Marie Garnier, de Rennes (1758), Augustin-Jean Malassis, de Nantes (1788) et Nicolas-Xavier Audran de Montenay, de Rennes (1788).

Toutefois, ces interdictions ne peuvent pas encore être mises en comparaison avec les deux destitutions dont il va être question ci-après et dont le détail sera propre à jeter un nouveau jour sur les événements qui troublèrent la Bretagne de 1766 à 1775.

## XX.

### DESTITUTION DE LOUIS HOVIUS. — DÉTAILS.

En 1761, La Chalotais avait provoqué la suppression de la société des jésuites, comme attentatoire à l'autorité de l'Eglise et des princes temporels. En 1765, lui-même était accusé, par le commandant d'Aiguillon, de tramer des complots contre la sûreté de l'Etat et de provoquer tous les Parlements à la révolte. A la suite de cette accusation, La Chalotais était traîné au château du Taureau, près Morlaix (novembre 1765) ; puis, dans la nuit du 21 au 22 décembre, il était conduit au château de Saint-Malo, ainsi que son fils, pour y être jugé par une commission royale nommée à cet effet.

Du fond de sa prison, La Chalotais rédigeait les *mémoires* de sa défense et de sa justification. Mais il ne suffisait pas de rédiger ces mémoires, il fallait encore les publier ; or, quel imprimeur oserait s'en charger? Il s'en trouva un cependant, ce fut l'imprimeur Louis-Philippe Hovius, de Saint-Malo ; mais cet acte d'indépendance et de dévoûment lui coûta bien cher, comme on le verra.

Le premier et le second mémoires, imprimés en février 1766, ne tardèrent pas à se répandre. Un exemplaire parvenu aux mains du ministre Saint-Florentin fut envoyé par lui à M. Geffroy de la Villeblanche, procureur-général de la commission royale de Saint-Malo, pour qu'il prît des conclusions à ce sujet. Sur ces conclusions, prises le 26 juin 1766, il intervint un arrêt du Conseil, le 28 du même mois, qui ordonnait que ces mémoires seraient supprimés, et qu'il serait extraordinairement informé contre les imprimeurs et distributeurs « de ce libelle. » La crainte fit des délateurs. Hovius, dit-on, fut dénoncé par son associé Lecomte et l'un de ses ouvriers, Julien Valais ; mais, heureusement, le fait n'est pas prouvé. Ce qui est certain, c'est qu'un arrêt du Conseil privé du roi, du 25 avril 1767, destitua Louis-

Philippe Hovius, tant de son état d'imprimeur que de celui de libraire. Défense lui fut faite de tenir à l'avenir aucune imprimerie, d'imprimer aucuns ouvrages, de faire aucun commerce de livres, soit directement ou indirectement. Enfin, il fut condamné à deux cents livres d'amende.

Ce ne fut pas tout; de nouvelles dénonciations firent remarquer à l'autorité que, nonobstant sa destitution, Louis Hovius continuait cependant de tenir boutique, soit par lui, soit par sa femme, Hélène Clouet, et de débiter des livres soi-disant dangereux, sous le nom de Guillaume Lecoq, libraire à Saint-Malo. Elle se persuada, en outre, que Georges Blouet, gendre d'Hovius et libraire à Rennes (mars 1767), y exerçait cette profession en société avec son beau-père, et que ce dernier, dans un endroit ou dans un autre, avait une imprimerie à sa disposition.

Sur ces présomptions, qui, aux yeux prévenus du chancelier Maupeou se changeaient en des certitudes, un arrêt du 24 février 1769 renouvela contre Louis Hovius les défenses du 25 avril 1767, et ordonna que les scellés seraient apposés sur les livres qui étaient alors dans les magasins d'Hovius, situés rue du *Cheval-Blanc*, et que préalablement état d'iceux serait dressé. Cette mesure fut exécutée du 23 au 26 mars 1769, sous l'inspection du subdélégué Nicolas White de Boisglé, non sans protestation de la part de Lecoq et d'Hovius, protestations insérées au texte du procès-verbal, dont nous avons la minute sous les yeux à l'instant où nous écrivons.

Pendant plus de deux ans, ces livres dépérirent sous les scellés; c'était bien là l'intention de Maupeou qui, dans une lettre à l'Intendant, se flatte par ses lenteurs calculées d'*éreinter* la fermeté de ces deux commerçants. Cette lettre fait peine à lire, car elle indique un système préconçu de persécution contre Hovius, et l'idée barbare de le ruiner à jamais.

Nous arrêtons ici le récit de cette longue et ténébreuse persécution dirigée contre l'imprimeur Hovius. Nous aurions désiré vivement pouvoir entrer dans de plus grands détails, mais il faut nécessairement nous borner; aussi bien, nous en avons dit assez pour faire apprécier l'acharnement déployé contre un imprimeur qui, en définitive, n'avait eu que le tort, bien honorable sans doute, de prêter son concours à la justification d'un magistrat, qu'il croyait injustement persécuté (1).

_____

(1) Une cruelle plaisanterie de La Chalotais lui avait attiré l'inimitié du duc d'Aiguillon. En 1758, les Anglais descendirent à Saint-Cast; le duc d'Aiguillon s'y rendit aussitôt avec tout ce qu'il pût rassembler de troupes de

Un arrêt du 10 avril 1771 ordonna la levée des scellés apposés sur les magasins d'Hovius, et le classement des livres en trois catégories (1). La première fut livrée au pilon ; la seconde vendue à l'encan, et le prix fut appliqué aux dépôts de la province. Quant à la troisième, elle fut remise par grâce au libraire Guillaume Lecoq, qui l'avait réclamée. L'édit de 1771 renouvelait contre Louis Hovius les *inhibitions* édictées contre lui par les édits de 1767 et 1769.

Dès 1767, Louis Hovius avait été enfermé au château de Saint-Malo ; vers 1771, il fut transféré dans les cachots de la Bastille, où il languit jusqu'en 1776 ; mais, enfin, il en sortit à cette époque, grâce à la bonté de Louis XVI.

Echappé aux souffrances physiques et morales de la captivité, l'imprimeur de Saint-Malo vécut encore de longues années après. Il vit crouler cette antique monarchie, qui l'avait si cruellement frappé, et entendit le trépas de son dernier représentant. Il traversa les mauvais jours de la Terreur et fut assez heureux pour en sortir sain et sauf. Enfin, parvenu au-delà des limites ordinaires de la vie, il s'éteignit dans la paix et le calme de sa conscience, le 16 avril 1806, à l'âge de 87 ans........

---

ligne, de milice et de volontaires. Il repoussa l'ennemi, avec avantage. Dans un cercle de Rennes ; quelqu'un dit que le commandant s'était couvert de gloire, *dites de farine*, répartit La Chalotais. Ce mot était d'autant plus blessant que la malignité publique avait répandu que le duc d'Aiguillon s'était retiré dans un moulin du voisinage, pendant le choc rapide qui décida la victoire, et avait cru piquant d'attaquer galamment la jolie meunière, dont le mari était parmi les combattants... « Une telle abjection, écrit M. le président Habasque, est impossible, et je me refuse à la croire réelle, même chez un courtisan de Louis XV, même chez un flatteur de la Dubarry, cette favorite ramassée dans les boues de Paris. »

« Nous faisons profession de respect, pour la mémoire de l'illustre procureur-général... » ajoute encore le même magistrat, mais « nous ne pouvons nous empêcher de blâmer sa légèreté. » *Notions historiques*, t. 3, p. 476 et suivantes.

(1) M. White de Boisglé fut encore chargé de cette commission, comme on l'apprend d'une lettre de l'intendant Bruno d'Agay du 20 mai 1771. Quand l'iniquité fut consommée, le même intendant écrivait à ce même M. de Boisglé (19 août). « J'ai reçu, Monsieur, les deux lettres que vous avez pris la peine de » m'écrire les 29 juillet et 2 de ce mois, à la première desquelles était joint » l'inventaire que vous avez ci-devant fait, des livres mis sous les scellés, comme » apartenant au nommé Hovius, ainsi que l'arrêt du Conseil du 10 avril » dernier, et le procès-verbal que vous avez dressé en conséquence, tant de la » mise au pilon des livres qui avaient été condamnés par cet arrêt que de la » vente de ceux qui ont été confisqués, et dont le produit a été accordé aux » pauvres des dépôts de Bretagne. *On ne pouvait pas mieux remplir ces* » *opérations ; je vous remercie de toute l'exactitude que vous y avez* » *apporté............* J'ai l'honneur d'être, etc... »

La seconde destitution dont nous avons parlé, et que, faute d'espace, nous devons mentionner rapidement ici, est celle de Nicolas-Paul Vatar, qui fut destitué par arrêt du 5 janvier 1772, pour avoir eu « *la témérité* » d'imprimer les protestations de quelques officiers du Parlement de Bretagne « *protestations aussi contraires au respect dû à Sa Majesté qu'à son autorité.* »

Nous ne poursuivrons pas plus loin le récit des tribulations des imprimeurs. Nicolas Vatar fut rétabli, par arrêt du 23 juillet 1775; Louis Hovius en 1776, c'est-à-dire au commencement du règne de l'infortuné et malheureux Louis XVI.

En 1774 (décembre), La Chalotais avait été rappelé à Rennes, lui dont les cruelles plaisanteries avaient été la cause première de tous ces malheurs. Cette même année, le Parlement de Bretagne avait été rétabli tel qu'il était avant l'édit de 1771. Des lettres patentes, du 15 juillet 1780, donnèrent à la ville de Rennes une nouvelle municipalité, dans laquelle « *les droits des citoyens* » avaient été respectés.

Et après cela, quand on pense que ce bon roi, qui semble avoir eu pour mission de réparer toutes les injustices des rois ses prédécesseurs, qui prouva tant et de si bonnes intentions pour le bonheur de ses peuples, que cet homme juste, le modèle des sujets, s'il n'avait eu le malheur d'être roi; — quand on pense, dis-je, que, pour toute récompense, Louis porta sa tête sur l'échafaud et que son sang fût offert en holocauste à la Révolution, on est saisi d'une profonde tristesse, et l'on voudrait scruter les abîmes de la justice de Dieu, comme si cette justice n'était pas un mystère, et, comme telle, incompréhensible.

Rennes, 31 mai 1857.

*(Extrait du journal* LE PROGRÈS.)

## Corrections et additions.

Page 6, ligne 13, note. — 11 (Jullen-Bernardin Rever).

Page 9, ligne 23. — Jullen Du Clos.

Page 12, ligne 12. — 1668, Mathieu Hovius. — A la fin de la mention, ajoutez : Jeanne L'Huissier, sa veuve.

Page 12, ligne 29, note. — Supprimez *longue* avant *procession.*

Page 14, à l'article Guillaume Vatar : 1719, au lieu de 1720. In-4 de 10 pages.

Page 20, ligne 7. — Lisez : on y lit que cet écrivain a prétendu « *faire de la haute éloquence.* »

Page 20, ligne 21. — Lisez : « *Nous croyons que cet ouvrage ne ressus-* » *citera avec son auteur qu'à la résurrection générale.* » (*Panorama d'un Beau pays*, p. 113.)

Page 22. — A la suite de la seconde note, ajoutez : M. P. Levot (*Biographie Bretonne*), fait observer avec raison que nous avons fait confusion au sujet du lieu et de la date de la naissance du célèbre jurisconsulte Charles Toullier. Mais, à notre tour, nous ferons remarquer qu'à propos du jurisconsulte dolois, on aurait pu au moins mentionner son grand-oncle, messire Pierre-Villemarie Toullier, docteur de la Faculté de Paris et auteur de la *Vie de M. Buisson, prestre.* In-12 de 161 pages dont nous avons déjà parlé.

Page 36, ligne 26 : supprimez : encore, avant trouvé.

Page 40. — A la suite de la note, qui est au bas de la page, ajoutez : en 1810, M. Jean-Marie Galles fut nommé, par le directeur de l'imprimerie et de la librairie, commissaire vérificateur à l'estampille pour le département du Morbihan.

Nicolas Galles et son neveu Jean-Baptiste-Marc-Joseph Galles furent l'un et l'autre juge-consul et échevin de la ville de Vannes. — Jean-Nicolas Galles, père du dernier, fut aussi juge-consul. — Vincent Galles, oncle de Nicolas, demanda en 1731 et obtint en 1732 la place d'imprimeur, précédemment occupée par Jacques de Heuqueville.

Page 43, ligne 3, rétablissez la citation : « Mais les longues pages d'er- » rata qui se trouvent à la fin de ces ouvrages (surtout du premier) suffisent » pour nous faire voir que le travail n'y était pas surveillé avec beaucoup de » soin. »

*Cætera, optime lector, suppleas oro.*

Rennes, imp. de F. PÉALAT.

# RÉD. :

21

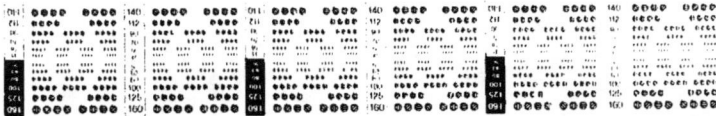

MIRE ISO N° 1
NF Z 43-007
**AFNOR**
Cedex 7 - 92080 PARIS-LA-DEFENSE

graphicoin

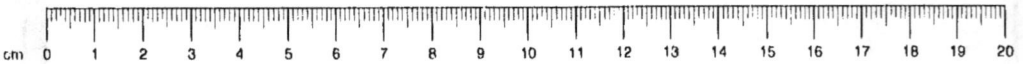

cm 0 1 2 3 4 5 6 7 8 9 10 11 12 13 14 15 16 17 18 19 20